대한민국
시골 풍속도

서정문학대표시선 · 92

대한민국 시골 풍속도

초판 1쇄 발행 | 2025년 11월 24일

저자 | 김관식

편집 | 디자인그룹 여우비
펴 낸 곳 | 도서출판 서정문학
펴 낸 이 | 차영미
주소 | 서울시 강동구 성안로31다길 8(천호동)
전화 | 02-720-3266 F A X | 02-6442-7202
홈페이지 | http://cafe.daum.net/seojungmunhak
이 메 일 | sjmh11@hanmail.net
등록 | 2008. 3. 10 제324-2014-000060호.

ISBN 979-11-91155-67-9 03810
정가 12,000원

© 김관식, 2025

*이 책 내용의 전부 또는 일부를 재사용하려면 반드시 저작권자와
 서정문학 양측의 동의를 받아야 합니다.
* 잘못된 책은 구입처에서 교환해 드립니다.

서정문학대표시선 · 92

김관식 23번째 연작 시집
대한민국 시골 풍속도

서정문학

| 시인의 말 |

후진 문화 습성의 청산을 위한 진언眞言

　대한민국은 위대한 나라다. 일제 강점기 나라를 되찾기 위해 독립운동을 지속적으로 해왔고, 그 결과 강대국의 도움으로 해방이 되었으나 동족끼리 6.25 전쟁을 치룬 나머지 같은 민족끼리 남북으로 분단이 되었다.
　폐허를 딛고 근 반세기만에 기적적인 경제 성장으로 도움을 받았던 나라에서 도움을 주는 나라로 세계인들이 경탄을 자아내는 신화를 이루어냈다.
　잘 사는 나라로 비약적인 급성장으로 복지 국가로 자리 잡아가고 있으나 국민들의 정신문화가 잘 사는 나라의 국민 수준에 못 미치고 있다. 가난한 때의 생활문화를 벗어나지 못하고 정치, 사회, 문화 등 사회 전반에 걸쳐 후진적인 생활문화를 그대로 재현하고 있어 안타까울 뿐이다.
　따라서 산업화 이후 도시화가 된 오늘날 대한민국의 시골에서 일어나는 국민들의 생활 모습을 『대한민국 시골 풍속도』로 재현했다.
　우리 사회 곳곳에 과거 습성화된 독재 시대의 생활문화가 독버섯처럼 불거지는 일이 종종 일어나고 있다. 이런 후진된 생활문화가 후손들에게 문화 재생산된다면, 결국 지속가능한 발전의 걸림돌이 될 것이다. 그 사례는 많은 선진국들이 하루아침에 못 사는 나라로 전락해버린 사례를 보면 알 수 있을 것이다.

민주주의는 성숙된 사람들이 아름답게 꽃 피워낼 때 향기가 널리 퍼져나가는 법이다. 최근 대한민국의 케이팝을 비롯한 케이 문화가 한류 바람을 타고 지구촌을 뒤흔들어 놓고 있다. 세계 여러 나라가 한류 문화에 열광하고 있다. 그런 도중 우리나라 최초로 소설가 한강의 노벨문학상 수상 소식은 한국민에게 긍지와 자부심을 안겨주는 도화선이 되었다.

그런데 아직까지도 산업화 과정에서 희생양이 되었던 시골 곳곳에는 우물 안 개구리식의 후진된 생활 습성으로 한류바람에 역행을 하는 일이 종종 일어나고 있다.

따라서 우리나라 곳곳에 산재한 정치, 사회, 문화, 등 후진적인 악습을 민주라는 이름으로 답습하고 있는 현상들을 풍자적으로 재현해 보았다. 세계인들이 경탄할 정도로 짧은 기간에 경제성장을 이룩하고 케이 문화로 세계인들의 선망 대상이 된 한민족의 저력을 지속적으로 유지하기 위해서는 선진된 생활 습성으로 패러다임의 전환할 시기가 도래한 것이다. 그것은 2024년에 소설가 한강의 우리나라 최초 노벨문학상 수상 소식이 이를 증명하고 있다.

여기 연작시로 시골의 남아있는 여러 가지 민낯 풍경들을 시로 형상화하여 풍자했다.

2025. 11. 3.

| 목차 |

4	시인의 말 ǀ 후진문화 습성의 청산을 위한 진언眞言
12	대한민국 시골 풍속도·1 −시골 버스
13	대한민국 시골 풍속도·2 −고독사
15	대한민국 시골 풍속도·3 −다문화 가정
16	대한민국 시골 풍속도·4 −축사
18	대한민국 시골 풍속도·5 −유기견
20	대한민국 시골 풍속도·6 −유기묘
21	대한민국 시골 풍속도·7 −고라니
22	대한민국 시골 풍속도·8 −빈집
24	대한민국 시골 풍속도·9 −뻐꾸기
25	대한민국 시골 풍속도·10 −다랑논
27	대한민국 시골 풍속도·11 −농촌 풍속도
28	대한민국 시골 풍속도·12 −봉고 화물차 방문
29	대한민국 시골 풍속도·13 −폐가
31	대한민국 시골 풍속도·14 −직불금
34	대한민국 시골 풍속도·15 −농부 시인
37	대한민국 시골 풍속도·16 −외국인 일꾼
39	대한민국 시골 풍속도·17 −마을에 가게가 없다
40	대한민국 시골 풍속도·18 −제초제
42	대한민국 시골 풍속도·19 −유모차
44	대한민국 시골 풍속도·20 −접시꽃
45	대한민국 시골 풍속도·21 −현수막
47	대한민국 시골 풍속도·22 −출산 장려
49	대한민국 시골 풍속도·23 −귀농, 귀촌
51	대한민국 시골 풍속도·24 −조합장 선거
53	대한민국 시골 풍속도·25 −시·군·면민의 날 행사

55	**대한민국 시골 풍속도·26**	—다방 아줌마
57	**대한민국 시골 풍속도·27**	—낚시꾼
59	**대한민국 시골 풍속도·28**	—지방 축제
61	**대한민국 시골 풍속도·29**	—지방 예술 단체
63	**대한민국 시골 풍속도·30**	—산불 예방
66	**대한민국 시골 풍속도·31**	—맛집
67	**대한민국 시골 풍속도·32**	—농기계 구입
69	**대한민국 시골 풍속도·33**	—경영체 등록
70	**대한민국 시골 풍속도·34**	—계모임
71	**대한민국 시골 풍속도·35**	—텃세
72	**대한민국 시골 풍속도·36**	—공중목욕탕
73	**대한민국 시골 풍속도·37**	—공중화장실
74	**대한민국 시골 풍속도·38**	—하우불이 下愚不移
76	**대한민국 시골 풍속도·39**	—농부의 새참
78	**대한민국 시골 풍속도·40**	—까치
80	**대한민국 시골 풍속도·41**	—가지치기
81	**대한민국 시골 풍속도·42**	—가루받이
82	**대한민국 시골 풍속도·43**	—봉지 씌우기
83	**대한민국 시골 풍속도·44**	—과일 열매따기
84	**대한민국 시골 풍속도·45**	—비닐하우스 농사
85	**대한민국 시골 풍속도·46**	—양식장 물고기
86	**대한민국 시골 풍속도·47**	—섬사람
87	**대한민국 시골 풍속도·48**	—낚싯배 선장
88	**대한민국 시골 풍속도·49**	—낙지잡이 어부
90	**대한민국 시골 풍속도·50**	—김 양식장
92	**대한민국 시골 풍속도·51**	—전복 양식장
93	**대한민국 시골 풍속도·52**	—시골의 변화 ①

94	대한민국 시골 풍속도·53	—시골의 변화 ②
95	대한민국 시골 풍속도·54	—시골의 변화 ③
96	대한민국 시골 풍속도·55	—민박
97	대한민국 시골 풍속도·56	—자연인이 되려다가
98	대한민국 시골 풍속도·57	—시골 도로 데상
100	대한민국 시골 풍속도·58	—특산물 노점 1
101	대한민국 시골 풍속도·59	—노인 전동차
102	대한민국 시골 풍속도·60	—갯벌
103	대한민국 시골 풍속도·61	—임산물
104	대한민국 시골 풍속도·62	—후쿠시마 오염수 방류
105	대한민국 시골 풍속도·63	—한우 파동
106	대한민국 시골 풍속도·64	—부고장
107	대한민국 시골 풍속도·65	—금어기
108	대한민국 시골 풍속도·66	—문중 땅
110	대한민국 시골 풍속도·67	—당산제
111	대한민국 시골 풍속도·68	—지역 지도자
113	대한민국 시골 풍속도·69	—지방직 공무원
114	대한민국 시골 풍속도·70	—지방의원
116	대한민국 시골 풍속도·71	—오일장
118	대한민국 시골 풍속도·72	—보이스 피싱
119	대한민국 시골 풍속도·73	—조류 독감
120	대한민국 시골 풍속도·74	—원전수 방류
121	대한민국 시골 풍속도·75	—해외여행
122	대한민국 시골 풍속도·76	—골프장
123	대한민국 시골 풍속도·77	—돌 머리 시비
125	대한민국 시골 풍속도·78	—노인복지법

128	대한민국 시골 풍속도·79	–보건소 의사
128	대한민국 시골 풍속도·80	–선진 국민
130	대한민국 시골 풍속도·81	–전통 민속놀이
132	대한민국 시골 풍속도·82	–기레기
134	대한민국 시골 풍속도·83	–이상기온
135	대한민국 시골 풍속도·84	–해녀
136	대한민국 시골 풍속도·85	–장인 정신
137	대한민국 시골 풍속도·86	–관절염
138	대한민국 시골 풍속도·87	–산과 멧돼지
140	대한민국 시골 풍속도·88	–파리와 모기
142	대한민국 시골 풍속도·89	–추석
144	대한민국 시골 풍속도·90	–갈팡질팡
145	대한민국 시골 풍속도·91	–산지기 집 거문고
147	대한민국 시골 풍속도·92	–골프장
148	대한민국 시골 풍속도·93	–폐그물
149	대한민국 시골 풍속도·94	–폐비닐, 농약병
150	대한민국 시골 풍속도·95	–농막
151	대한민국 시골 풍속도·96	–중간 상인
152	대한민국 시골 풍속도·97	–무궁화꽃
154	대한민국 시골 풍속도·98	–한류 바람
155	대한민국 시골 풍속도·99	–시골 정서
156	대한민국 시골 풍속도·100	–평화 체험장

해설

160 　일상에서 건져 올린 웅숭 깊은 시심과 진솔한 표현적 감동 ｜ 정성수

대한민국
시골 풍속도

대한민국 시골 풍속도·1
― 시골 버스

시골 마을에는
시, 군내 버스가
몇 시간 간격으로 다녔다.

텅빈
정류장

어쩌다 주민자치센터
일보러 가는 사람
장날 물건 사러 가는 사람
병원에 가는 사람
손님은 겨우 서너 사람
흰머리, 주름살 실룩거리거나
허리가 굽었거나
지팡이를 짚고 있는 사람이었다.

군청에서
주민들의 복지를 위해
날마다 제 시간에 맞추어
시골 마을을 순찰하고 있었다.

대한민국 시골 풍속도·2
　－고독사

시골 마을에
혼자 사는 늙은이네 집
시청, 군청에 등록되면
일주일 몇 차례
사회복지사, 노인 돌봄 생활지원사가
가정방문 왔다가곤 했다.

당국의 손길이 없는
독거노인들
가끔 고독사가 일어났다.

대부분 자식들과 이웃들과
연락을 끊고 사는 사람들이었다.

혼자 맞이한 죽음
너무나 흉측했다.
심한 악취가 났다.

고독사 한 사람들은 살았을 때
제 잘 났다고 뻐기며 살았었다.
사람들과 벽을 쌓고 살았었다.

뒤늦게 소식 듣고
달려온 자식들
고급 승용차 타고 고향집에 왔다
멀쑥한 옷차림, 화려한 장신구
진한 향수 냄새가 코를 찔렀다.

고독사 현장을 찾아온 자식들
얼굴을 찌푸렸다.
악취 때문에 입관도 보지 않고
코를 막고 방안을 뛰쳐나왔다.
장례사에게 두둑한 돈봉투 들이밀고
"잘 부탁드립니다" 꾸벅꾸벅

장례 끝난
집 주위에 며칠 동안
크레졸 냄새가 코를 찔렀다.

대한민국 시골 풍속도·3
―다문화 가정

시골에
다문화 가정들이 많아졌다.

베트남, 캄보디아, 태국. 우즈베키스탄
처녀들이
시골 노총각과 가정을 꾸리고
아들딸 낳고 살았다.

부부간에 나이 차이가
많이 났다.

사오십 대 노총각과
이십 대 외국 처녀와 꾸린 가정
마을마다 서너 집

농자천하지대본農者天下之大本이라고
우쭐거리다 어깨 축 늘어뜨린 노총각 농부들
국제결혼으로
다문화가정천하지대본多文化家庭天下之大本이 되었다.

대한민국 시골 풍속도 · 4
　—축사

시골 마을
누렁이가 도와주었던 농사일
경운기, 트랙터, 이양기 농기계가
도맡아서 척척

이제 소는 일하지 않고
빈둥빈둥 놀고먹으며
잡아먹히는 비육소로 길러졌다.

한두 마리
외양간에서 여물 먹고
일하던 소들

커다란 축사에서
수십, 수백 마리
사료 먹고 볏짚 갈무리해 놓은
공룡알(곤포사일지) 먹으며 뒤룩뒤룩

가축 시장으로 팔려나가
도축장에서 최후를 맞이했다.

식탁에 쇠고기로 올라오기 시작하면서

가을이면
겨우내 소 먹일 공룡알 만들었다
시골 들판 볏짚들은
래핑기로 비닐 칭칭 감겨
곤포사일리지 뭉치가 되었다.

시골 마을마다
커다란 축사가 들어서고
공룡알이 들판을 지켰다.

대한민국 시골 풍속도·5
―유기견

애완견을 키우다가 싫증나면
산에다 들에다 버렸다.

시골 마을
산과 들에
유기견들이 떠돌아다니다가
들개가 되었다.

들개들이
숲속에서 돌아다니며
꿩, 산토끼, 오소리. 고라니를 마구 잡아먹었다.
밤이면 마을로 내려와
닭과 오리, 토끼와 같은 가축들을 잡아갔다.

시골 마을
산에 살던 산토끼들이
들개들한테 모두 잡혀먹어
이제 산토끼를 볼 수 없었다.

눈 내린 겨울밤
마을에 주소를 남기고 돌아가던 산토끼들

자취를 감췄다.
들개들 발자국만 무성했다.

대한민국 시골 풍속도·6
― 유기묘

주인의 얼굴도
이제 생각나지 않았다.
낯선 시골길에
버려진 순간부터
사람은 믿을 수가 없었다.

야옹, 야옹
배고파 울었다.

시골 마을
집집마다 살금살금
먹을 것을 찾아다녔다.

떠돌이 다른 고양이를 만나
함께 개밥도 훔쳐 먹고
생선도 훔쳐 먹고
닥치는 대로
산토끼, 꿩, 고라니 등 야생 동물을
잡아먹었다.

시골 마을
들고양이가 차지했다.

대한민국 시골 풍속도·7
―고라니

우리나라 시골 마을
어디를 가나
고라니가 살고 있다.

낮이면
냇가 풀숲이나
야산 숲속에서
시간을 보내다가

노을이 지면
"컥컥" 음치 목청 높여
"신붓감 찾습니다." 공개 구혼했다.

어둠이 내리면
어슬렁어슬렁
마을 어귀 서성거리다가
어쩌다 지나가는 자동차
전조등에 놀라
허둥지둥 껑충껑충

고라니가
시골을 지켰다.

대한민국 시골 풍속도·8
―빈집

시골 마을
빈집이 늘어났다.

모두들 도시로 떠나고
폐가가 된 빈집들
전설의 고향이 되었다.

마당에는
개망초, 쑥부쟁이, 한삼덩굴 등 온갖 잡초들이
어울렁더울렁
뒤뜰 언덕바지
대나무들이 빈집을 에워쌌다.

땅속 몰래
야금야금 숨어들어
구들장 뚫고
유월
죽순들이 고개를 내밀었다.

대대로 이어온
뿌리를 잘라내고
회색 도시로 나가 떠도는

옛 주인들을 위해
아궁이에다 불을 지피듯이
방안 가득 족보를 펼쳐놓았다.

대한민국 시골 풍속도·9
  ─뻐꾸기

유월 아침
노란 통학버스가 마을길로 들어설 때
뻐꾸기 울음소리가 유난히 크게 들려왔다.

뻐꾹뻐꾹
주름산 씰룩씰룩
빈 유모차 앞세우고
어기적어기적 손주 등교시키는 할머니

이따금씩
가슴을 후비는
짜릿한 관절 통증 비명 같은
엇박자 울음으로
뻐뻐꾹 뻐뻐꾹

땡볕
알 품고 있는 붉은머리오목눈이 둥지
찾지 못해 안절부절
시골 마을 기웃거리며
제 슬픔에 겨워 목 놓아 울고 있었다.

대한민국 시골 풍속도·10
―다랑논

산골 묵혀둔 다랑논
잡초와 나무가 빽빽이 들어앉았다.

누렁이 쇠방울 소리
개구리 울음소리
끊어진지 오래 되었다.

봄이면 벼를 심고
가을이면 알곡을 거두어들이던
늙은 농부
산기슭에 잠든 뒤부터
다랑논 주위를 맴돌던 잡풀들이
제 맘대로 뿌리 내렸다.

주인이 뒤바뀐 다랑논
부동산중개사들이 들락날락
도시로 나간 농부 자식들
아버지 무덤가 수북이 돋아난 잡풀들은
가을이면 벌초 대행에게 맡기고

해마다 한 차례
아버지 성묘는 하는 둥 마는 둥

컴퓨터 자판을 두들기며
다랑논에다
노다지 풍선을 부풀리고 있었다.

대한민국 시골 풍속도·11
― 농촌 풍속도

봄이면 밭둑에
개나리꽃, 살구꽃, 복숭아꽃, 오동꽃
활짝 웃던 고향마을
나무 그늘 때문에
밭농사 안 된다며 모두 잘라냈다.

잡초들이 줄을 이어 돋아나는 밭
비닐을 씌워 풀들이 돋지 못하게 막았다.
그나마 밭을 기웃거리다
밭둑에 겨우 뿌리내린 풀들을
제초제 뿌려 살벌하게 말려 죽였다.

호미 들고 풀들과 싸우며
적은 양의 밭작물 수확도
헤벌쭉 웃던 사람들은 깡그리 자취를 감추었다.

쇠방울 소리 대신
경운기, 트랙터 밭갈이
뒷짐 지고 흥얼흥얼
계산기 두드리는 농부들만 살고 있었다.

대한민국 시골 풍속도·12
―봉고 화물차 방문

시골 마을에는 이따금
봉고 화물차들이
되풀이 녹음 방송을 틀어놓고
마을 골목을 돌아다녔다.

"고물 삽니다.
돌절구, 맷돌, 돌구유
옛날 민속품 삽니다."
"빡빡한 창틀 고쳐드립니다.
방충망 갈아드립니다."
"폐계 닭 팝니다."
"청소, 소독해드립니다."

반기는 사람 아무도 없는
마을 골목길을 쩌렁한 목청으로
봉고 화물차가 순찰을 돌다가 돌아갔다.

마을 어귀
감시 카메라가
봉고 화물차의 방문을
녹화하고 있었다.

대한민국 시골 풍속도·13
―폐가

새마을 운동 지붕 개량
슬레이트 지붕, 블록 담장
이제 너무 낡아 쓸모가 없어졌다.

삼겹살 구워먹던 슬레이트 불판
발암 물질 천덕꾸러기
치우려면 방역복 입고
당국에 신고하는 등 절차가 까다로워
그대로 놓아두고
폐가 지붕들은 폭삭 내려앉아 있었다.

한 차례 지진이 휩쓸고 간
흉측하게 금이 간 블록 담장
선거철이면
새 인물 벽보가 양복 입고 갓을 쓰고 있었다.

내 집 앞 내가 쓸고
마을 골목길 깨끗하게 청소하며
잘 살아보자 다짐했던 70년대 새마을 정신 온데간데없고
온 마을이 박물관이 되었다.

현수막 당선사례, 오리 알 낙선 인사

당파 싸움 비방 문구, 선심성 헛소리 나불나불
길거리마다 즐비하게 팔랑팔랑
도로 포장 선거 공약 이제는 내밀 수도 없게
날만 새면 새로 뚫린 도로들이
거미줄을 치고 있었다.

지역 당 허물 뒤집어쓴
슬레이트 같은 인물들만
선거철만 되면 만나는 사람마다
이웃사촌처럼 굽신굽신
복지수당, 농어민수당 인상 공약 내밀고
당선되면 언제 그랬냐는 듯이 거드름 피우며
새마을 유적 박물관장이 되어
떵떵거리고 있었다.

대한민국 시골 풍속도·14
—직불금

참 좋은 세상이다.
농업, 어업, 수산업, 임업하는 사람에게
직불금을 지불하고 있다.

고소득자 세금으로
저소득자 생활을 위해
노령수당, 저소득수당, 장애수당
기초생활수급자 월급 등등
시골 사람들 주머니가 두둑해졌다.

나랏일 하는 사람들도 두둑한 봉투
근면 성실한 척 국민들 속이면서
힘센 일꾼은 약한 일꾼들에게
좋은 자리 주는 조건부 뇌물 거래
암암리 주거니 받거니 하다가

어쩌다 당파싸움 끝에
언론보도에 폭로되면
패가망신 쇠고랑 차고 감옥신세

주고받은 뇌물
당파 싸움 희생양이 되었다.

사익 직불금 낚시 바늘에 걸렸다.
낚시꾼 손아귀에 벗어나지 못하고
파닥파닥 낚시꾼에 잡힌 잉어처럼
눈에 핏발이 서고 눈알이 뒤집혀 파닥파닥

직불금 받고도 껄떡껄떡
서로 서로 짝짝꿍 나눠먹다가
사이가 틀어지면 티격태격
지구촌에서 잘 사는 상위 나라 대한민국
엊그제 못 살 때 그 버릇 그대로
소갈머리 없는 짓으로
동방예의지국 망신살이 뻗혔다.

지구촌 사는 사람들 케이팝에 들썩들썩
대한민국 위상이 백두산 정상에 올라섰는 데도
제 버릇 개 못 준다는 속담 그대로
껑껑껑 똥개 노릇 여전히
얼굴이 화끈화끈
당당한 선진 문화 시민
갈 길이 멀어지고 있었다.

황금 보기를 돌같이 하라는

최영 장군 말씀 되새김질
선비 정신도 직불금으로 지급해야
마땅하지 않겠는가?

대한민국 시골 풍속도·15
―농부 시인

개나 소나
시인이 되는 대한민국
문예지마다 신인상 제도를 두고
구독자의 엉터리 작품을 문단 등단이라고
짝퉁 문인들 마구 남발했다.

퇴물 국문과 교수들 소일거리
시창작 강의 듣고
농부시인 되었다.

엉겁결에 떠밀려
시인이 된 농부
지역 문인단체 회원이 되어
시화전, 시낭송회 기웃기웃
지역 명사 탈을 썼다.

어쩌다 이름 없는 글 모집에
당선되거나 지역 문인단체 감투 쓸 때면
제 자랑 현수막 길거리에 내걸고
마을 잔치 벌였다.

시인은 가문의 영광

명함 찍어 만나는 사람마다 나눠주고
엉터리 시를 모아 퇴물 교수 해설 곁들인
시집 발간하여 출판기념회 열었다.

읍내 출판기념회장에는
너덜너덜 지역 유지, 정치인, 농민 단체장, 동문회장이 보내온
화환들이 즐비하게 늘어섰다.

지역 인물들
꾸역꾸역 몰려들어 와글와글
사회자의 장황한 참석 명사 소개
명사들의 축사, 격려사마다
농부 시인을 추켜세웠다.

불량 씨앗 심으면
한 해 농사 망치는 걸 알면서도
짝퉁 시집 내민 농부 시인
간이 커졌다.

들뜬 농심에다 다이너마이트
심지에 불붙인 노벨의 환상
영농 일기 같은 넋두리 문집

문학을 싸구려 취미 활동으로
신분 상승 정치 수단으로
풍선 띄운 허수아비 농부
천박한 문학놀이
시인 농부 되었다.

대한민국 시골 풍속도·16
―외국인 일꾼

늙은이들만 사는 시골
농사 일손은
젊은 외국인 일꾼들이 도맡아 했다.

시골 일손은
모두 외국인들로
음식점 종업원도
모두 외국인으로
턱없이 모자라는 일손을
겨우 메꿔나갔다.

비료 값, 농약 값, 품삯
농협 영농자금 대출금 갚고 나면
남는 것 없는 농사
그냥 농토를 묵힐 수 없어서
울면서 겨자 먹었다.

날이 갈수록 폭우, 가뭄
일교차가 심한 이상 기후
해마다 농작물들이 시들시들
늙은 농부들
도시로 나가 사는 자식들

농번기 때 일손도 돕지 않았다.

늙은 농부 대신
외국인 일꾼들이
관절 통증에 시달리는
농부들의 손발이 되어주고 있었다.

대한민국 시골 풍속도 · 17
―마을에 가게가 없다

시골 마을
구멍가게가 없어졌다.

구멍이 뚫려
도시로 다 빠져나갔다.
시오리길
면소재지까지 가야
필요한 물건을 살 수 있었다.

시끌벅적했던 오일장 풍경
현대식 건물로 바뀌었지만
파리만 날렸다.

대한민국 시골 풍속도 · 18
－제초제

풀이
농부들을 괴롭혔다.

풀은 살기 위해
몸부림하는 것인데도
작물이 아닌 풀은
농부를 힘들게 했다.

농부는
잡초들을
눈에 띄는 대로 모두 뽑아냈다.

－여기서 기웃거리면
호미로 뿌리 채 뽑는다는 걸 알지.
귀찮게 하는 너희들
숨어들기만 하면
손에 흙 묻힐 필요 없이
월남 전 미군이 밀림에 뿌려
풀과 나무 말려죽인 고엽제 알지.
바로 그렇게 말라죽일 제초제 농약 맛을 보게 되지
아예 밭에 숨어들 생각도 하지 마라.

알겠냐? 잡초들아!

강아지처럼
꼬리치는 강아지풀
나물로 먹을 수 있다고
당당하게 얼굴 내미는 개비름
자라서 할아버지 할머니 지팡이가 되어 주는 명아주
촐랑대는 바랭이
채송화 뿌리처럼 몰래 기어드는 쇠비름
소가 좋아하는 쇠뜨기
제초제 농약을 뿌리자 모두 쓰러졌다.

농부가 씨 뿌린 곡식, 채소들만
살아남았다.
물주고 쓰다듬어주고
자식처럼 돌봐주었다.

대한민국 시골 풍속도·19
―유모차

유모차 앞세우고
시골 마을 할머니
마을 회관 나들이

지난해 추석
아들 딸 네 가족들 문안 인사 왔다가
버려두고 간 손주 유모차
이제 할머니 차지가 되었다.

포대기 업어 키운 아들딸보다
손주 얼굴
눈앞에 아른아른
신사임당 초상화 건네주자
생글생글 웃으며
"우리 할머니 최고!"
눈앞에 펼쳐지는 파노라마 영상
유모차가 할머니를 끌어당겼다.

삐걱거리는 관절통
아픈 줄도 모르고
"오냐, 오냐, 내 강아지"
주름살 실룩실룩

집에서 회관까지
십 리 길 오일장 거리
어기적어기적
달팽이가 되었다.

대한민국 시골 풍속도·20
―접시꽃

유월
시골 마을
마을회관 뜨락
접시꽃이 피었습니다.

기다란 꽃대 하나에
층층이 꽃송이 다닥다닥
매달아 놓고
마을 방송 되풀이합니다.

귀가 멀어
알아 듣지 못하는 마을 사람들에게
접시꽃 하나씩
바람 불면 휘청휘청

푸짐한
회식 준비
완료 소식 알렸습니다.

대한민국 시골 풍속도·21
―현수막

작은 정치 모임
별것도 아닌 감투
지역구 거리에 현수막 내걸고
대단한 일 하는 것처럼 허세부리는
정치인들 따라서

시골 사람들
신상 공개 현수막
새우골 박 아무개 장남, 차녀
시험 합격, 승진 소식
마을 길거리에 내걸었다.

벌초 대행
묘소 이장 전문
맛집 광고
부끄러운 예술단체 감투나 수상 소식
흔해 빠진 우골탑 박사 학위 취득까지
60년대 가정 환경 조사서 같은
자전거, 텔레비전 있다고 자랑하듯
별안간 산지기집에서 거문고를 탄다는
허풍당당 현수막들

옛날 부잣집 시골 영감 장례식
만장기 휘날리듯
길거리마다 즐비한 현수막
그 아래
로드 킬 당한
개 한 마리 쓰러져 있고
파리떼들이 웅성거리고 있었다.

대한민국 시골 풍속도·22
― 출산 장려

대한민국 시골 마을
아이 울음소리 그친지 오래됐다.

시골 초등학교 1면 1학교도
전교생이 도시 학교 한 학급 인원
벌써 시골 대학교는 신입생이 없어
하나 둘 문 닫기 시작했다.

60년대 산아제한 운동
둘만 낳아 잘 기르자
정관수술 예비군 훈련 면제
이십 년 앞도 못 내다보는
리턴 나라 살림

병아리 눈물 같은 출산 장려금 주겠다고
뒷북치는 공약 내걸고 한 표 구걸
속보인다. 이제 그만

출산 장려 안 해도
청년 일자리 및 임대 주택, 신혼 부부 귀농하면 무료 주택 제공,
무료 탁아 양육, 대학까지 학비 지원 등
아이 낳아 웃으며 살 수 있게 해주면

대한민국 방방곡곡
아이 울음소리 되살릴 수 있을 텐데

나라 살림 적당히
국민 구슬려 좋은 나라 살림 일자리 차지해 놓고
눈앞에 황금사자상 쳐다보며
헤벌레 침 질질, 눈알 크게 뜨고 껌벅껌벅
양심 내팽개치고 온갖 특혜 받아가며
거드름만 피우는 정치인들

60년대 산아제한 용케도 살아남아
당파 싸움, 법정 다툼 옥신각신
제 자식들은 군대 면제, 취업 청탁
졸부 집안과 사돈 맺고 아들 딸, 시집, 장가보내서
손주 낳아 하하하

믿는 도끼 발등 찍혔다.
선거철 한 표 행사보다
출마하여 파친코
대박 출산이 더 나을 거다.

대한민국 시골 풍속도 · 23
― 귀농, 귀촌

귀농, 귀촌하면
저희 지방행정기관에서
정착할 수 있도록 돕겠다.

영농 정착금도 주고
주택 신축, 수리비도 지원하고
농지 구입비 및 세제 지원
농촌 정착 교육 수강료 지원 등등

인구가 점점 줄어든
농어촌에서
도시 사람들에게 러브콜 했다.

귀농, 귀촌하는 사람들
적응 교육 받고
이주하는 사람들이 점점 늘어났다.

텔레비전에서는 농사로 부자가 된
"부자 농부" 프로그램을 방영했다.

농부가 되겠다고
어부가 되겠다고

귀농, 귀촌하는 사람들

도시는 사람들이 와글와글
시골은 개구리들이 개굴개굴

이제 시골에도
와글개굴, 개굴와글 하면
얼마나 좋을까?

대한민국 시골 풍속도·24
  ─조합장 선거

기관장 출마는 로또 복권
축협, 농협, 수협 조합장 선거

능력은 없어도
따지는 사람이 없다.
학력은 낮을수록
유권자와 동질감 인맥
재력이 튼튼하면
따 놓은 당상이다.

국물 없나 기웃거리는
정치인과 적당히 관계 맺고
영향력 있는 조합원에게
편의 제공 미끼 던져놓고
관내 관혼상제 꼭꼭 찾아
얼굴 도장, 부조 봉투로 밑밥을 뿌려야 한다.

공짜가 없는 세상
가는 게 있으면 오는 게 있는 법
들키지 않게 금품으로 표를 산다.

상대 출마자

매수할 수 있으면
사전 후보 사퇴하고
끝까지 도전하겠다고 하면
상대보다 더 많은 액수로 표를 사면
따 놓은 자리

임기 동안
아무도 모르게
선거 자금 채워놓으면 그만
밑진 장사하는 미친 녀석 누가 있겠나?

선거철만 되면
유권자도 은근히 호박씨 까며
후보자 저울질하다
통큰 후보자에게 슬그머니 한 표
열 명이 지켜도 도둑 하나 못 지키듯
선관위도 허수아비가 된다.

대한민국 시골 풍속도·25
―시·군·면민의 날 행사

해마다 열리는
시·군·면민의 날
주민 화합 한마당

국민의례에 이어서 기관장 축사
지역 단체장, 내빈 격려사
요점만 짧게 말했으면 좋으련만
장황하게 헛소리 나불나불

자칫 잘못하면 조롱감
철면피 속셈을
눈치 빠른 사람은 다 안다.

초중등 학생 재롱 잔치
무용, 연주, 풍물로 흥 돋우고.
민속놀이, 운동 경기
먹거리 잔치까지
밤에는 트로트 가수 초청 공연으로
시끌벅적

지역마다 특색 없이 엇비슷
지방 자치 시대 향토 옛 전통 부활하거나

존경받는 작고 명사 정신을 이어
자긍심을 높여주면 좋으련만

은밀히 제 잇속 챙기는 홍보 활동
속내 드러내는 기관장, 지역 명사
오징어 먹통을 터뜨리고
혼자 똑똑한 척

쓸 만한 인물은
꼭꼭 숨어 나서지 않았다.
쭉정이들만 신바람 거들먹
축제 "축"자에서 가장 윗꼭지
획 하나 떼어내고 있었다.

대한민국 시골 풍속도·26
―다방 아줌마

시골 어디에 가도
커피 자판기가 있었다.
깡심으로 버틴 다방만 남아
파리 날리고 있었다.

종업원은
오십 대 아줌마
젊은 시절 다방에서 일하고
여태까지 못 떠난 딱한 사정
운명으로 받아들였다.

바람쟁이 개 버릇 못 고친 늙은 농부
참새 방앗간 드나들듯 찾아와
끈적거리는 눈길로 추근거렸다.
그럴 때마다 상냥한 거짓 웃음으로
모닝커피에 달걀노른자 풀어내며
젊은 시절로 되돌아가곤 했다.

신사임당 티켓 끊고
커피 배달 가는 길
하이힐 신고 모델 흉내 걸어봤지만

엇박자 걸음

짙은 화장발
향수 냄새 물큰
오랑우탄 젖가슴이 출렁출렁
희끗희끗 빛바랜 긴 염색 머리가
사창가 늙은 포주 같아 보였다.

대한민국 시골 풍속도·27
―낚시꾼

시골 저수지, 수로는
농사철 젓줄이건만
인근 도시 낚시꾼들이 수시로 찾아와
물고기 잡아가고
쓰레기만 잔뜩 버려놓고 갔다.

한국농어촌공사韓國農漁村公社에서 물만 관리하고
물속에 사는 생명도 보호해주지 않고
낚시꾼들이 버린 쓰레기조차도
그대로 내버려 두었다.
한국농어촌공사韓國農漁村空死가 되었다.

농번기 농부들 눈살 찌푸려도
객이 안방 차지하듯 낚시 텐트 치고
낚시 좌대 앞에 놓고 제왕처럼 의자에 앉아
뚫어져라 물 위에 붉은 찌를
휴전선 보초병처럼 감시하고 있었다.

저수지 풀숲에는
용변 보고 그 위에 화장지 덮어놓았다.
빈 술병, 캔, 컵라면 봉지, 비닐봉지까지

마구 버리고 당당했다.

아버지뻘 되는 농부
힘겹게 일하는 모습 보고도
강심장으로 모르쇠 하는
저 오만한 개 버릇
韓國農漁村公私의 엇박자
낚시꾼들이 베스를 닮아가고 있었다.

대한민국 시골 풍속도·28
　―지방 축제

지방 자치 시대
해마다 여러 지방마다
고장 축제가 열린다.

관광 명소, 특산품, 꽃, 놀이 등
자기네 고장을 널리 알려
주민의 소득을 올리기 위해서다.

다른 고장 사람뿐만 아니라
다른 나라 사람들까지 오고 싶도록
지역의 역사, 문화, 자연자원을 이용하여
특별한 축제를 벌이는 고장
능력 있는 자치단체장을 잘 뽑은 탓이다.

지역당 깃발 아래
능력 없는 정치꾼을 뽑은 고장
특색도 없는 먹거리, 꽃구경
지역 주민 놀이 잔치로 혈세만 탕진하고 있다.

전통문화, 역사 유적 등등을 홍보하는
특색 있는 축제로 거듭나
내 고장의 얼을 되살리고

고장을 아끼고 사랑하는
축제가 되어야 하거늘
속빈 강정 같은
그저 그런 축제들뿐

기발한 착상으로
해마다 축제에 오고 싶도록
정성을 다한 축제라면
관광 시너지 효과를 발휘할 텐데

찾아오는 관광객 바가지 씌워
호주머니 털어낼 얄팍한 속셈
개밥에 도토리 축제가 되고 있었다.

대한민국 시골 풍속도·29
　−지방 예술 단체

사단법인 예술 단체
지방까지 지부 두고
독재 시대 관변 단체 같은
빛 좋은 개살구

가짜 예술인들
멍석 깔아주고
위풍당당 똥뱃장으로
지방 혈세 낭비해왔다.

별 볼일 없는 가짜 지역 예술인이
예술 단체 감투 썼다.
제 잇속 챙기느냐 영구 감투 차지하고
거드름만 피워왔다.
턱 하니 제 작품을
혈세로 분탕질하고
제 맘대로 인심 쓰고 예술 떡 주물주물
고물만 챙기면서 지역 유지 노릇
부끄러운 줄을 모르고
제 잘났다 까불까불

널리 알려진 지역 명사

기념관 만들어 알리는 것은 좋으나
지역 홍보한다고 명사 이름 따온 예술상
별 볼일 없는 다른 지역 예술인에게 주고
운영 심사 관련자 끼리끼리 잇속 챙기며
죽 쒀서 개를 주듯 멍석 깔아놓았다.

지역 명사 홍보로
관광 시너지 효과는 전혀 없었다.
몇몇 무뢰배들 농간으로
지역 망신 개망신
궁핍한 시절 걸신 든 망령
예술인 가면 쓰고 되살아났다.

대한민국 시골 풍속도·30
― 산불 예방

봄철이면
산불이 자주 일어났다.

그때마다 헬리콥터가
부산하게 움직였다.

산불 예방으로 시골에서는
날마다 마을 방송으로
산불 주의를 당부했다.
논두렁 태우고, 영농 부산물 소각 금지
깨, 콩, 고추, 채소, 과수원 등 영농 부산물은
파쇄하라고 했다.

겨울에 땔감으로 사용했던
영농부산물과 나무줄기와 가지, 나뭇잎
난방 연료를 기름, 가스보일러로 바뀌면서
영농부산물은 골칫거리가 되었다.

파쇄하여 안전 처리
모두 수거해 가야 하지만
수거해 가지 않고
말로만 나불나불

농부들은 감시원 눈을 피해
죄지은 사람처럼 두근두근
몰래 불태웠다.

산에는 나무들이 우거져
밀림이 되어갔다.
해마다 가을이면 풀잎과 나뭇잎이
겹겹이 쌓여갔다.
불이 붙으면 순식간에 활활활

무조건 태우지 말라 하면
영농부산물은 어떻게 처리해야 하나?
마을마다 안전한 소각장을 마련해서
처리해야 마땅하건만
버리지도 못하고
쌓아놓기만 한 골칫덩이 부산물

산불 원인이
무심결에 버린 담뱃불로
산불이 번진 경우가 많은데
말만 앞세운 영농부산물 처리
무조건 버리지 말라 하지 말고

산불이 나지 않을 안전한 곳에서
처리할 수 있도록
현실적인 대책을 마련하면 좋을 텐데

탁상머리 산불 예방
농부들만 어리둥절

대한민국 시골 풍속도·31
―맛집

시골에도
알려진 맛집들이 있었다.
한번 알려지면
맛집 찾아와 외식을 했다.

점심시간 때만 되면
맛집은 줄 서서
제 차례를 기다렸다

옆집은 파리 날리고
맛집만 와글와글

맛집 순례하는
시골 사람들
입맛이 점점 까다로워져 갔다.

대한민국 시골 풍속도·32
― 농기계 구입

시골 사람들
농사를 지으려면
농기계가 필요했다.

탈탈탈 낡은 경운기
해가 갈수록 농사가 버거운
늙은 농부

순식간에 농사일 끝내는
트랙터가 부러웠다.
융자 조건 내미는
트랙터 장사 유혹
덜컥 일 저질렀다.

농가 수익 계산도 안 해보고
똥뱃장으로 트랙터 구입했다.

트랙터 타고 우쭐우쭐
세상이 다 내 것 같았다.
가을걷이 끝나고 보니
농기계 빚잔치가 되었다.

"재주는 곰이 부리고
돈은 되놈이 받아간다." 속담 속의
곰이 되었다.

되놈은
좌향기성坐享基成
농부는 허세부리다 쪽박 찼다.

대한민국 시골 풍속도·33
―경영체 등록

농민이 되려면 경영체 등록을 해야 했다.
농업 경영체 등록 조건이 까다롭다.
농작물 재배, 가축 사육, 곤충 사육을 해야 한다.
한 해 90일 농사일하고
1,000㎡ 농지로 농작물 재배
꽃, 과일, 채소는 660㎡ 이상의 농지 소유 등등

도시민의 땅 투기 막고
위장 경영체 등록으로
직불금 타려는 얌체들
위장 농부 가려내려고
농지 실사 나온 뒤
등록 조건에 맞으면 농부로 인정했다.

큰 농부 되겠다는 놈들은 땅 투기
가짜 농부 자격 눈감아 주고
작은 농부 되겠다는 사람은 조건이 까다롭다.
"유전무죄, 무전유죄"

대한민국 시골 풍속도·34
— 계모임

시골 사람들
계모임이 많았다.

다달이 푼돈 모아
부부 동반 해외여행 계
초중고 동창끼리
취미 활동 모임별로
농어민 단체, 사회 단체 소속별로
마을 노인회 회원끼리
같은 종교 활동 교우끼리
어울리는 모임이 있었다.

끼리끼리 어울려
이웃 고을 맛집을 찾아다니고
해마다 해외여행으로
문화생활 누리면서 살았다.

헛꿈 꾸지 않고
성실하게 일하면
농어촌 사람들도
도시 사람 부럽지 않았다.

대한민국 시골 풍속도·35
―텃세

시골에
귀농, 귀촌하면
텃세를 부리는 못된 사람들이 있었다.

아무 일도 아닌 것 가지고
괜스레 트집 잡고
친절을 가장하여
사사건건 간섭하는
되먹지 못한 무지렁이가 있었다.

낯선 사람이 빨리 적응하여
잘 살 수 있도록 도와주지 못할지라도
상대 약점 잡아 시비를 걸어오는
갑질, 거지근성

개 버릇 남 못 주고
약한 사람 괴롭히는 놀부 심보
남이 잘 사는 꼴, 배가 아프고
제 입장만 생각하는
몰상식한 시골 사람들 때문에
귀농 귀촌을 포기하고
다시 도시로 되돌아가기도 했다.

대한민국 시골 풍속도·36
―공중목욕탕

시골에도
웬만한 곳이면
면소재지에 공중목욕탕이 있었다.

시군 지자체에서
주민 복지를 위한
공중목욕탕

복지 국가 대한민국
시골 사람들도
농업, 축산업, 어업, 수산업
쌓인 피로
말끔히 씻어냈다.

대한민국 시골 풍속도·37
―공중화장실

시골
어디를 가나
사람이 많이 모이는 장소에는
공중화장실이 있었다.

수세식 좌변기, 송풍기
소변기, 세면대,
손 건조기, 화장지, 액체비누
잔잔한 음악까지
쾌적한 복지 생활

70년대
쭈그리고 앉아
문짝에 낙서하던 사람들
제 얼굴에다 낙서를 옮겨 놓고
주름살 실룩실룩

똥파리 쫓던 손에
지팡이 쥐어졌다.

대한민국 시골 풍속도·38
―하우불이下愚不移

경제 대국
복지 국가 대한민국

제 버릇 개 못 주고
버릇대로
시골 자린고비 거지노릇

이웃과 나누지도 못하고
재물이 아까워 누리지도 못하고
장롱 깊이 부동산 등기증
통장 수십 개 남겨놓고
저승길로 떠났다.

자식들에게 대물림
서로 많이 갖겠다고
아옹다옹 싸우다가
지식들은 뿔뿔이 흩어져 남이 되었다.

해마다 무덤 위에
잡초가 무성했다.
아카시 나무 뿌리 내려

유골까지 감싸 쥐었다.

사람들이 찾아오는 마을 명소에
살았을 때 엉터리 글 쓰며
가짜 문인 노릇

문인 단체 높은 감투 거들먹거리며
혈세로 세운 시비가
죽어서도 자린고비, 허깨비, 악당,
추문으로 남았다.

대한민국 시골 풍속도·39
─농부의 새참

새참 심부름할
사람이 없다.
새참은 중국집
배달원이 도맡았다.

밭갈이 하다
새참 때가 되면
트랙터 시동 끄고
밭둑 나무 그늘에 앉아
스마트폰 꺼내
트랙터 운전석 문짝에 붙은
스티커 전화번호를 눌렀다.

─다랭이 골 00번지
짜장면, 탕수육 각각 한 그릇
소주, 맥주 한 병

손전화 끝나고
담배 한대 피우고 있으면
동구 밖에서 들려오는 오토바이 엔진 소리

농부 가까이 다가와 멈추면

철가방 문이 열리고
음식상이 차려진다.

혼자 밭둑에 앉아
소맥 곁들인 새참을 먹고
새참 먹고 남은 음식
밭두렁에 덮어놓고
트랙터에 시동을 걸었다.

숲에서 지켜보던
들고양이 한 마리
어슬렁어슬렁 기어 나와
남은 새참 훔쳐 먹고 달아났다.

대한민국 시골 풍속도 · 40
―까치

옛날에는 아침에 까치가 울면
시골에서는 손님이 온다고 좋아했다.

아이가 이갈이 할 때
이를 빼면
지붕 위에 빠진 이를 던지면서
까치에게 새 이를 가져오라고
소원을 빌었다.

설날이 다가오면
설날을 반기며
"까치 까치 설날"이라고 노래 불렀다.

이제 시골에서 까치는
반갑지 않은 새가 되었다.
전봇대 위에 제 맘대로
제집을 지어 재난을 불러오고

과수원에 잘 익은 과일만
골라 부리로 콕콕
과수원 농사 망쳐 놓고

아침마다 반겨주었더니
상투 끝에 올라가
까악까악
도전장을 내밀었다.
까마귀가 되었다.

대한민국 시골 풍속도·41
—가지치기

봄이 오기 전
과일나무 가지를 잘랐다.

과일나무가 잘 자라고
맛 좋은 열매가
주렁주렁 열리도록
가지를 잘라 주었다.

자랄 방향을 잡아주었고
햇빛을 골고루 받도록 해
성장을 촉진해주었다.

잘라낸 곳에
상처가 나지 않도록
날카로운 가위로 단칼에
싹둑 잘라냈다.

내버려두면
열매는 딴전이고
하늘 높은 줄 몰랐다.

대한민국 시골 풍속도·42
　―가루받이

봄이 되어
과일나무에 꽃이 피었다.

과일나무 달라붙은
벌레가 해치지 못하게
농약을 뿌려
벌레들을 죽였다.

농약 냄새 때문에
벌과 나무들이
과수원 과일나무 꽃을 찾아오는
벌과 나무가 적었다.

농부는 붓을 들고
벌과 나비들이
미처 다 못한
가루받이를 위해
벌이 되어주었다.
나비가 되어주었다.

붓을 들고
과일 열매가 맺도록
꽃들을 쓰다듬었다.

대한민국 시골 풍속도·43
―봉지 씌우기

사과, 복숭아, 포도, 배 과수원에서는
가루받이한 꽃이 떨어지면
작은 열매가 맺기 시작했다.

농부는 일하는 사람들과 함께
사다리 위로 올라가
벌레가 들어가지 못하도록
모든 열매에 봉지를 씌웠다.

열매 봉지 씌운 갯수에 따라
일하는 사람들은 품삯을 받아갔다.

일하는 사람들은 땀방울 뻘뻘 흘리며
열매에 한 봉지라도 더 씌우려고
말이 없었다.

대한민국 시골 풍속도·44
 −과일 열매 따기

과수원 과일나무 가지마다
열매가 주렁주렁
농부는 날마다 과일나무 쳐다보며
싱글벙글

오늘은 열매 수확하는 날
인부들과 함께 사다리에 올라
가지에 달린 과일들을
조심조심 땄다.

과일나무 아래
노란 플라스틱 바구니에
과일들이 가득 쌓였다.

농부가 정성들인 만큼
과일나무는
열매로 보답했다.

대한민국 시골 풍속도·45
 −비닐하우스 농사

비닐하우스 농사로
계절이 없어졌다.

사철 농사를 덕분에
제철이 아니면
먹을 수 없는 채소, 과일을
사철 내내 먹을 수 있게 되었다.

도시 근교
비닐하우스 많아졌다.
꽃, 채소, 과일 재배
필요로 하는 도시 사람들에게
공급해주기 위해서다.

빌딩 숲에 있는 사람들처럼
꽃, 채소, 과일들은 계절을 잊었다.
농부들이 비닐하우스 속에 가두어 놓았기 때문이다.

대한민국 시골 풍속도 · 46
 －양식장 물고기

바다 속 물고기들을
가두었다.

바다 속에
새우, 광어, 넙치, 우럭, 전복 등을 가두어 키울
양식장을 만들었다.

마음대로 돌아다닐 자유를 잃었지만
천적에게 쫓기는 일 없어졌다.
주는 먹이 받아먹고 할 일이 없어졌다.

양식장 주인은 물고기들의 하느님이었다.
기도할 줄도 모르는데,
주기도문처럼
오늘날 우리에게 일용할 양식을 주셨다.

활어 운반차에 실려 와
횟집 수족관에 갇혀있을 때
손가락질 하는 사람들을 보고 알았다.
우리가 하느님의 일용할 양식이 되었다는 것을……

대한민국 시골 풍속도 · 47
― 섬사람

시골의 많은 섬들이
육지가 되었다.

육지와 섬을
다리로 이어놓거나
해저 터널 만들어
여객선 타지 않고도
승용차로 어느 때고 갈 수 있게 되었다.

육지가 되었지만
섬을 떠난 고향 사람들은
여전히 섬이었다.

가슴 속에 섬을 품고
갈매기가 되어 있었다.

대한민국 시골 풍속도·48
―낚싯배 선장

고기 잡는 어부
고기잡이 접었다.

그물질 힘겹고
고기도 안 잡혔다.

고기잡이 도구 모두 버리고
어선을 낚싯배로 바꾸었다.

선그라스, 마도로스 모자
말쑥한 옷차림
의젓한 낚싯배 선장 되었다.

찾아오는 낚시꾼들 싣고
낚시 포인트 찾아
바다를 누볐다.

고된 어부 일
낚시꾼들에게 넘겨주었다.

대한민국 시골 풍속도 · 49
―낙지잡이 어부

낙지잡이 어부는
갯벌이 일터다.

썰물 때면 삽 한 자루
담을 망태 챙겨
갯벌로 나갔다.

낙지가 숨어있는
갯벌 구멍 찾으면
어부는
쏜살같이 갯벌을 파헤쳤다.

낙지잡이 어부 삽질에
꽥 소리도 못하고
끌려 나오는 뻘 낙지들

낙지발 꾸물거리며
아랍어로 반항하지만
어부는 못 들은 체
낙지 수색하는데 바빴다.

여기는 한글을 쓰는 나라

대한민국 서해안 갯벌
낙지의 아랍어 몸짓은
먹통이 되었다.

대한민국 시골 풍속도·50
—김 양식장

갯벌에 줄 맞추어 말뚝을 박았다.
마주보는 두 말뚝에
해먹 같은 그물을 꽁꽁 묶었다.
굴 패각에서 김 종자를 길러
그물에 옮겨 김을 키웠다.
김은 추워야 잘 자라는데
바닷물의 수온이 올라가면
노랗게 변하는 병에 걸렸다.
병에 걸리지 않도록 그물에 크는 김을 소독하고 씻었는데,
김 그물을 뒤집어서 햇볕에 말려 소독하고 씻어 낸 김을
무산김이라고 했다.
많은 김들이 유기염산과 무기 폐 염산으로 김을 씻어냈다.
김이 점점 자라면
그물 주위에 까만 김이 달라붙었다.
양식장 주인은 배를 타고 나가
매서운 추위에도 아랑곳하지 않고
배 위에 김 그물을 올려 채취기 위로 올려놓고
천천히 앞으로 나아가며 김을 거두어들였다.
채취기가 돌아가며 그물에 붙은 김을 털어냈다.
거두어들인 김은 김 공장으로 실려 갔다.
사각 모양으로 김을 엷게 만들어
김 하나씩 햇볕에 말렸다.

김 공장으로 실려나간 김은
자동으로 김이 생산되었다.
서해안 바닷물에서 자라난 김이
식탁에 오르려면
수많은 사람들의 손길을 거쳐야 했다.

대한민국 시골 풍속도 · 51
―전복 양식장

가두리 양식장에서는
광어, 넙치, 방어, 전어, 전복 등
바다 어패류를 가두어 키웠다.
주인은 날마다 어패류가 먹을 사료를 뿌려주었다.
전복 양식장에서는 다시마를 가져다주었다.
바닷물의 온도가 올라가면 녹조류가 생겨 물고기들이
떼죽음을 당했다.
주인은 녹조류 피해를 막으려고 바닷물에 황토를 뿌리기도
하고, 가두리 양식장 위에 차광막을 쳐주었다.
어촌에는 바다에서 물고기를 잡는 어부가 있고
바다에서 물고기를 기르는 양식업자 있다.
우리들의 식탁이 풍성해지도록
어부와 양식업자는 물고기들을 기르느라
땀을 흘렸다.

태풍이 불면 태풍으로 가두리 양식장이 망가져
키우던 물고기를 모두 잃어버리기도 했다.

대한민국 시골 풍속도·52
―시골의 변화 ①

시골에도
새 도로가 뻥뻥 뚫렸다.
수십 년 동안 잠자고 있던 시골이
해마다 바뀌었다.

대한민국
잘 사는 나라
가슴 뿌듯

자가용 타고 어디든 가고 싶은 곳
번지수만 두드리면
네비게이션이 알아서 척척 안내 방송

10년이면 강산이 변한다 했는데
1년이면 강산이 변했다.

잠시 한눈파는 사이
거리가 바뀌고
마을이 바뀌었다.

대한민국 시골 풍속도 · 53
―시골의 변화 ②

시골에는 장독대
채송화꽃, 봉숭아꽃 사라졌다.

마을 우물
모두 메워졌다.

오동나무, 가죽나무, 팽나무
모두 베어냈다.

앵두꽃, 살구꽃, 복숭아꽃도
모두 사라졌다.

마을마다 대형 축사, 태양광 패널
곤포사일리지, 가로등 전봇대, 자동차, 농기계…
덩그러니 놓여있고

잡초 우거진 마을 길섶
기생초꽃, 금계국꽃 한들한들
쇠똥 냄새 물큰

물까치 떼만
분주하게 날아다니고 있었다.

대한민국 시골 풍속도 · 54
　—시골의 변화 ③

마을 골목도
포장되었다.

새마을 운동으로 바뀐
블록 담장, 슬레이트 지붕은
휀스, 양철 지붕으로 다시 바뀌었다.

시골 정경
가을마다 연출하던
감나무 빨간 홍시감

쌀쌀한 가을바람
휘어진 감나무 가지 휘청거릴 때
발성 연습하다 놀란 까치소리

이제 모두 전설이 되었다.
고향 떠난 사람들
가슴 속에 녹화로 저장되었다.

어쩌다 고향이 생각날 때
파노라마 영상으로
머릿속에서 재생되고 있었다.

대한민국 시골 풍속도·55
─민박

경치가 좋은
산촌, 농촌, 어촌 마을에는
민박집이 있다.

도시에서 시골로 휴양온
사람들이 머물고 가는
가정집 숙박

집 고쳐
손님맞이

시골 사람 얕잡아 보고
함부로 불평 늘어놓는
모리배를 만나면

제 잘났다 거드름 피우는
뉴스거리 단골 인물
보는 것 같아 씁쓸했다.

대한민국 시골 풍속도 · 56
―자연인이 되려다가

텔레비전 인기 방송 프로그램
자연인들 생활 모습
시청률이 높았다.

회색 도시 사람들
자연과 가까워지고 싶었다.

휴일이면 자연인이 되고 싶어
시골을 찾아왔다.
등산을 했다.
낚시터를 찾았다.

언젠가 방송에 나온
시골 음식점 앞에 멈췄다.

방송에서 본 대로
따라하고 있었다.

대한민국 시골 풍속도·57
―시골 도로 데상

시골 도로에는
트랙터로 싣고 가다가
흘려놓은 쇠똥
자동차를 타고 가다가
창밖으로 던져놓은
캔, 페트병, 과자 봉지, 비닐, 화장지…
차가 지나갈 때마다
이리저리 나뒹굴고 있었다.

로드 킬 당한
뱀, 너구리, 고라니, 강아지, 고양이……
흉측하게 너부러져 있었다.

부서진 가드 레일, 흩어진 유리 조각
자동차 바퀴 자국
하얀 페인트 그림과 같은
살벌한 현장 기록이 있었다.

급경사 휘어진 길목에
빨간 점멸등 반짝반짝

길섶에는

잡초들이 쭈빗쭈빗
고개를 내밀고 있었다.

대한민국 시골 풍속도·58
―특산물 노점

계절마다
시골 도로가에는
임시 노점에서 특산물을 팔았다.

복숭아, 무화과, 포도, 사과, 배, 귤…
감자, 고구마, 벌꿀, 산나물, 약초, 마른 생선, 활어회…
커피, 뻥튀기, 음료수…
농산물, 임산물, 수산물, 공산품까지

차 타고 지나가다 멈춰서
거래가 이루어지는
특산물 직거래 임시 판매장

사람들이 모이는 곳마다
농산물 앞에 놓고
쭈그리고 앉아
손님을 기다리는 할머니 노점까지
세금 없는
직거래 장터가 생겼다.

대한민국 시골 풍속도 · 59
―노인 전동차

시골 도로에는
노인 전동차가
눈에 띄었다.

눈앞이 흐릿흐릿
운전은 천천히

트럭이 지나가면
전동차가 흔들흔들

달팽이 이사 가듯
느릿느릿
이웃 마을 나들이 간다.

대한민국 시골 풍속도·60
―갯벌

바닷가 마을
갯벌은 마을 사람들의 일터

썰물 때
낙지 잡고
조개 캐고

갯벌에서 양식한
해산물로 밥벌이 한다.

갯벌에 들어가 해루질
해산물 채취는
바닷가 사람들의 밥벌이를
훔치는 일이다.

대한민국 시골 풍속도·61
―임산물

산은
산촌 사람들의 일터

산나물 뜯고
버섯 캐고,
약초 재배하며 밥벌이 한다.

등산 왔다 거짓 핑계
몰래 임산물을 캐는 것은
남의 밥그릇 훔치는 짓

입산금지 구역
몰래 들어가 재미 삼아
임산물을 손대는 일은
남의 물건을 훔치는 짓이다.

대한민국 시골 풍속도 · 62
―후쿠시마 오염수 방류

후쿠시마 원전수 방류 소식
어촌이 날벼락 맞았다.

일본 수입 해산물은
당연히 막아야겠지만
덩달아 우리 바다 해산물까지
피해 입었다.

태풍으로 양식장 부서지고
방송 보도로 날벼락 맞고

방송 보도 피해를
어민들이 모두 떠안았다.
어민들만 동네북이 되었다.

대한민국 시골 풍속도·63
―한우 파동

축산 농가 벼락 맞았다.
한우 값이 바닥 쳤다,

사료 값은 치솟고
송아지 값은 똥값이다.

제값 받을 날 기다리다
공룡알 크기로 늘어나는 빚

이러지도 못하고
저러지도 못하고
하늘만 쳐다보며
황소울음 울었다.

대한민국 시골 풍속도·64
―부고장

봄소식보다 먼저
부고장이 날아들었다.

장례식장 갔다 오면
괜스레 우울해졌다.

영정사진 바라보며
머지않아 내 모습
눈시울이 뜨거워졌다.

부질없이 일에 매달려
헐떡헐떡 살아왔다.

이제라도 여한 없게
버킷리스트 실천하겠다고 다짐했다.

내 부고장 받고 입방아에 오르지 않게
떳떳하게 살겠다고 다짐했다.

대한민국 시골 풍속도 · 65
—금어기

어촌에서는
갈수록 물고기들이 줄어들자
어류들을 보호하기 위해
금어기를 두었다.

그물코 규격을 제한하여
새끼 물고기는 살려주고
큰 물고기만 잡았다.

어류들의 알을 부화하여
새끼들을 방류하였다.

금어기는
어부들의 휴가였다.
항구 선착장에 어선을 묶어두고
물고기들이 잘 자라서
해마다 고기를 잡을 수 있도록
물고기들에게 출산 휴가를 주었다.

대한민국 시골 풍속도·66
—문중 땅

시골 마을에는
여러 씨족들 제각과
조상 대대로 물려준
문중 땅이 많이 남아있었다.

조상을 모시기 위해
후손들에게 대대로 물려준
문중 조상의 땅

못된 후손 문중 재산 노리고
몰래 이전하여 팔아먹었다.
제 것이라 우기고 내놓지 않았다.
씨족마다 다툼이 끊일 날이 없었다.

허술한 문중 관련법 정비하여
못된 후손이 나쁜 짓 못하도록
막아야 하는데도

앞장서서 나서는 사람
아무도 없었다.

씨족끼리 눈 부라리고 삿대질
대물림하고 있었다.

대한민국 시골 풍속도·67
―당산제

시골 마을 성황당 당산나무
당산제 없어졌다.

뿌리 정신 이어주던
숭배 자연물들

대대로 이어온
조상들의 생활 전통
귀찮고 번거롭다
미신 핑계 모두 끊어냈다.

나 혼자 잘 먹고 잘 살면 그만이다
제 뿌리도 제 손으로 잘라냈다.

뿌리 끊긴 나무들
큰 바람 불면
쓰러질 날 멀지 않았다.

대한민국 시골 풍속도 · 68
　–지역 지도자

민선 자치 시대
지역 골수 당원들만 기세 등등
자리 모두 차지하고
거드름만 피웠다.
풀뿌리 민주주의 뿌리 채 뽑힌 채
독재 문화 그대로

지역당의 반대 당원은
6.25 때 빨갱이 취급
아무리 좋은 의견 내놓아도
흑백 논리 앞세운 무리 집단
안하무인 횡포 앞에 무조건 묵살되었다.

자기 당 부정부패 끼리끼리 눈감아 주고
상대편은 모두 까발렸다.

시골 마을 사람들은
무리 우두머리 떡고물에 무릎 꿇고
사공 시절 하사품 고무신을 신고 있었다.

믿고 따르던 지역 지도자는
이무기가 되어 있었다.

지역 발전 망치는 흙탕물 무리 속에
꼭꼭 숨어 유신 독재 재현했다.

믿을 놈 하나도 없었다.
그 밥에 그 나물

대한민국 시골 풍속도 · 69
―지방직 공무원

지방 자치 시대
지방직 공무원

지역민 친절 봉사는 딴전이고
지역민 등딱지 붙은
고양이 같았다.

쥐새끼들도 없어져
할 일도 없다
의자 위에 웅크리고 앉아
골골골

삼겹살 굽는 냄새
귀신같이 알고
살금살금 기어와
주인 몰래 훔쳐먹고
입을 닦고 있었다.

물신 바람으로 부풀린 풍선
제 책상 앞에 띄워 놓고
높은 자리 기웃기웃
제 분수 모르고 날뛰고 있었다.

대한민국 시골 풍속도·70
―지방의원

뻔뻔한 시골 촌놈
허파에 바람 들어서
콩밭에 메뚜기처럼 팔딱팔딱
지방의원에 출마했다.

산지기 집 거문고 사들이 듯
복권방에서 로또 복권 구입하듯
음흉한 지역 당 우두머리
"따 놓은 당상이다" 감언이설에
눈알이 뒤집혔다.
간뎅이가 부었다.

지역 당 우두머리 하수인이 되어
메뚜기도 한철, 선거철에 파닥파닥
한자리 차지했다.

회의 진행할 줄도 모르면서
회전의자에 앉아 거수기 노릇하면서
주민의 심부름꾼 표방하고
지역당 우두머리 시키는 대로
지자체장하는 일 간섭하며

빈둥빈둥 매월 혈세만 축내고 있었다.

지자체 출발할 때
무보수로 봉사했다.
그랬던 것을 민의 표방하고
제 뱃속 먼저 채우려고 법을 바꾸어놓았다.

도시 지역 아파트 한 단지 주민수도 못되는
지방자치단체도 지방의원 수십 명
매월 꼬박꼬박
혈세만 낭비하고 있었다.

대한민국 시골 풍속도·71
―오일장

시골 시군 면 단위마다
닷새 만에 장이 서는 오일장
대형 슈퍼마켓 들어서는 바람에
없어진 곳도 여러 군데
옛날보다 규모는 작아졌지만
현대식 건물로 탈바꿈하여 쾌적한 전통시장으로 바뀌었다.
오일장 주역을 맡았던 쇠전과 미곡상은
따로 분리되어 지역 축협 쇠전으로 옮겨갔다.
미곡상은 대형 마트로 옮겨갔다.
오늘날 오일장에서는 옛 모습은 찾아볼 수 없었다.
채소, 과일, 어물전, 잡화상, 옷가게……
장꾼들 눈요기하던 씨름대회 열리지 않았다.
약장수, 뱀 장수 구수한 입담 대신
가끔 야외 공연장에서 각설이 타령, 노래자랑 열리곤 했다.

이웃마을 사람들끼리 만나
국밥에 막걸리 한 잔 나눠 마시고
마을 소식 주고받던 선술집
왁자시끌 풍경도 사라졌다.
억센 사투리 욕설도 사라졌다.
시장 입구 뻥튀기 장수 어쩌다 가끔 보이고
신기료 할아버지, 땜장이 아저씨 흔적 없이 사라졌다.

대바구니, 옹기장수, 소금장수, 지게꾼도 자취를 감췄다.
자전거 수리하던 모습도 보이지 않았다.

우리 전통은 모두 사라졌다.
지역 특산물 제외하고는
전국 어디서나 엇비슷한 풍경으로 바뀌었다.

대한민국 시골 풍속도·72
― 보이스 피싱

시골 사람들
자상한 신상 정보 들먹이며
검찰청 사칭, 그럴싸하게 속인
전화 받고 깜짝 놀라 송금했다.
알고 보니 보이스 피싱
땀흘려 저축해 놓은 통장
어이없게 털렸다.

생각할수록 화가 치밀었다.
시골 사람들 만만하게 보고
벼룩의 간을 빼먹는 놈들에게 당했다.
너무 억울했다.

낯선 전화가 오면
무조건 받지 않기로 했다.

대한민국 시골 풍속도·73
―조류 독감

해마다 겨울이 오면
시골 마을은
찾아오는 철새들 때문에
철새 도래지마다 아우성

철새들이 보균한 조류 독감
오리농장, 양계장 방역 비상

시골 마을 입구 도로에는
지나가는 차마다 일일이
소독약 뿌렸다.

조류 독감이 휩쓸고 간
오리농장, 양계장

병든 가축들을
모두 생매장했다.

대한민국 시골 풍속도·74
―원전수 방류

일본 후쿠시마 원전수
바다로 흘러 보냈다.

방사능 바다 오염
바다 어류 생태 파괴

지구촌 가족들
바보상자 꼭두각시 소비자들
건강 염려증으로 허둥지둥하다가
발 빠르게 움직였다.

이웃나라 대한민국
소금 값이 폭등했다.

원전수로 오염되기 전
미리미리 소금 사재기

반대로 해산물 값은 폭락했다.
해산물 가게는 파리만 날렸다.

대한민국 시골 풍속도·75
―해외여행

삼천리금수강산
아름답다 우쭐거리면서

제 나라 여행지는 시큰둥
해외 휴가 들락날락

애써 모은 돈
다른 나라에서 모두 쓰고 돌아왔다.

경치 좋은 시골 찾아
휴가 보내면
외화 낭비 안 하고
도농 간 더불어 오손도손
지지고 볶으며 잘 살 건데도

비행기 타고
다른 나라 찾아가
대한민국 국력 자랑 우쭐우쭐
호주머니 탈탈 털고 돌아왔다.

대한민국 시골 풍속도·76
―골프장

경치가 좋은 산마다
산짐승들의 생활터전
중장비로 갈아엎고
골프장을 세웠다.

골프채로 휘두르며
공을 날려
도전장을 내밀었다.

하룻강아지 범 무서운 줄 모르고
감히 자연에게 선전포고

오징어 게임 영화 같은
저돌적인 행동에
산신령도 기가 막혀
실어증에 걸렸다.

금수錦繡강산 대한민국
금수禽獸강산 되었다.

대한민국 시골 풍속도·77
—돌 머리 시비

시골에는
철면피 가짜 문인들
문예지 종이 장사에게
짝퉁 문인 칭호 하나 얻어서
지방 문학 발전 꾸정거리는
미꾸라지가 되었다.

민선 자치단체장에게 알랑방구
지방 관광지 환경 개선 명분 아래
유치한 제 작품을
혈세로 시비 세우고 우쭐우쭐

대대로
숨기고 싶은 짝퉁 문인임을
제 스스로 밝혀 놓아
후손들까지 부끄럽게 만들었다.

학식의 높낮이보다
사람됨이 으뜸인 것을
사람답게 살지 못하고
못난 자신을 문인으로 위장하다가

죽어서도 돌 머리 엉터리 시비
지역 망신, 씨족 망신

대한민국 시골 풍속도 · 78
―노인복지법

노인을 공경
노인복지법에 따라
10월 경로의 날 정하였다.

노인들이 많이 사는 시골
공경해 줄 젊은이들이 없었다.
노인끼리 서로 공경
북치고 장구 쳤다.

마을 회관은 노인당
60세 초보 노인은
노인 청년, 심부름 도맡았다.

부양해 줄 사람 없는
칠십 세 이상 일하는 맞벌이 노인 가구
근로 소득 이외에 나라에서
근로 장려금 최대 삼백만 원까지

노인복지법 그럴싸하지만
받을 사람이 몇이나 될까?
농사짓고 고기 잡는 일은
스스로에게 근로 장려금 주고받는 모양새

대한민국 시골 풍속도·79
―보건소 의사

시 군, 동 면, 마을까지
국민건강 도우미 보건소가 있었다.
전염병 예방 접종
국민 질병 무료 치료

시골 보건소는
의사가 경력 쌓기 위해
잠시 거쳐가는 정류장

시골 부자들은
도시 큰 병원
명의를 찾아갔다.

보수 적다고
시골 의사
시골 병원 모두 떠났다.

자본주의 시대
높은 보수 주는 병원으로
모두 옮겨갔다.
의과대학에서는
소득 많은 전공의사 되겠다고

인기과로 줄을 섰다.

의사가 되기 위해
수십 년 힘들게 살아왔다.
가족 뒷바라지 허리띠 졸라매고
오랫동안 학비 많이 투자해왔다.

보건소 의사는
어쩔 수 없어 잠시 머물고 있는
나그네 의사인 것을……

누가 보건소 의사에게
국경없는의사회 자원봉사 의사나
슈바이처 같은 성자가 되라고 강요하는가?

대한민국 시골 풍속도·80
―선진 국민

잘 살아보자는
70년대 새마을 운동 일어나
오십 해 지났다.

모두 잘 사는 나라
복지 대한민국 되었다.

생활이 나아져
맛집 찾아 잘 먹고
해외 나들이 일상이 되었다고
선진 국민이 아니다.

케이 팝, 한류 바람으로
지구촌이 들썩들썩
대한민국 엄지척!

변함없이 슬레이트 지붕같은
골 깊은 가난한 문화 습성
여전히 막걸리 한 잔, 고무신 한 켤레로
일꾼 뽑고 있었다.

백정이 갓을 쓰고 다니며

여전히 소를 잡고 있었다.
산지기 집에서는 거문고 사놓고 뽐내더니
시렁 위에서 먼지만 수북히 쌓이고 있었다.

수많은 철학자를 배출하고
수세기 화려한 문화생활을 누렸던 그리이스, 로마
세계를 지배했던 나라들도
하루아침에 폭싹 망했다.

막걸리가 오래되면 식초가 되고
고무신이 낡으면 갈갈이 찢어지듯
방탕한 자식 하나 있으면
집안이 모두 쑥대밭이 되듯
선진 국민 선진 생활문화 길들여지지 않으면
산지기, 백정으로 되돌아간다.

선진 국민은
민주 시민 행동 실천해야
지구촌에 한류 바람 엄지척 굳어진다.

대한민국 시골 풍속도 · 81
―전통 민속놀이

전통 민속놀이 사라졌다.
정월 대보름
달맞이 강강술래
달집 태우며 풍년 빌고
징 치고, 북, 장구,
꽹과리 두들겼다.
신명난 사물놀이
마을 집집마다 지신 밟기
잡귀 쫓아냈다. 복을 빌었다.

단옷날
그네 뛰고
씨름판 벌리고
추석 명절 마을마다
윷놀이, 제기차기, 팽이치기
계절마다 놀이판 벌였다.

놀이할 사람 없어졌다.
민속 전통 놀이 모두 없어졌다.

혼자 방안에 앉아
텔레비전 방송 드라마, 트로트

보고 하하하
컴퓨터, 핸드폰 들여다보고
혼자 무료 게임 손가락 까닥까닥

인간ㅅ間이란 낱말 한자 사람 인자ㅅ없어지고,
틈 간閒만 남았다.
한글 사람이란 낱말 첫 음소 "사"자의 "ㅅ"이 없어지고
덜렁 "ㅏ"만 남았다.

인간은 없고 간과 살라는 섬
가슴에 품고 있었다.
틈 사이 파도만 출렁출렁

이빨 빠진 입 "아"하고 벌리고
놀 줄 몰라 모이면 남 뒷담화
이웃을 씹어대던 이 모두 망가져
텔레비전 드라마, 트로트로 임플란트하고 있었다,

대한민국 시골 풍속도·82
―기레기

시골에는
시군마다 신문이 대여섯

관공서, 소상공인
진드기처럼 달라붙어
홍보, 광고 강요했다.

광고료 뜯어내고
찌라시 기사 내보내는
황색 언론
지역 사회 발전
걸림돌

국민의 알권리
바른 보도보다
항상 영업 소득이 우선순위

가짜 뉴스로 퍼뜨리고도
태연했다.
철면피 강심장 뇌물 주면
국민의 알권리 무시하고
모르는 체 했다.

가짜 기사도 거침없이 써서
인권도 유린하고 신상 정보도 유출했다.

오공 때 언론 통폐합
모두 정비된 줄 알았는데
그 이전보다 더 많이 생겨났다.

지역 사회 분열 조장
쓰레기 매립장
파리, 모기떼들만 웅성거렸다.

대한민국 시골 풍속도 · 83
―이상 기온

지구촌이 뜨거워졌다.
극지방 빙하가 녹아
해수면이 올라가
키리바시, 투발루, 몰디브 등이
머지않아 바다 속으로 사라지게 되었다.

사계절이 뚜렷한
살기 좋은 나라 대한민국
봄, 가을이 짧아지고
여름과 겨울이 길어졌다.

바다물의 수온이 올라가
열대성 어류가 잡히는 등
뒤죽박죽

시골 사람들 인심처럼
날씨가 이상해졌다.
도무지 종잡을 수가 없어졌다.

대한민국 시골 풍속도·84
―해녀

제주도, 남해안, 동해안
해녀가 있다.

바다 물 속 잠수해
숨을 참고
해산물을 잡았다.

갈수록 바닷물이 더러워져갔다.
바닷물 수온이 올라갔다.
해녀 눈앞 흐릿흐릿
낯선 물고기 왔다갔다
해산물도 뜨문뜨문

점점 물 속 깊이 들어갔다.
숨비 소리 커져갔다.
버려놓은 바다 쓰레기
물질하기 어려워졌다.

대한민국 시골 풍속도 · 85
─장인 정신

시골에서는
농사짓고, 나무 가꾸고, 가축을 기르고 고기를 잡고
자연과 동행

잡초와 싸웠다.
해충과 싸웠다.
눈, 비와 싸웠다. 풍랑과 싸웠다.

장인은
싸울 때마다 승리했다.
해가 갈수록 기술이 쌓여갔다.

장인 농부
장인 산림사
장인 가축 사육사
장인 어부
장인 정신으로 일하면
하루하루 즐거웠다.

대한민국 시골 풍속도·86
―관절염

시골에는
관절염 환자가 많았다.

지팡이 짚고
느릿느릿

한 걸음씩 내딛을 때마다
삐꺽삐꺽

찡그린 얼굴
주름살 씰룩씰룩

날마다
시골 병원
물리 치료실은
만원이었다.

대한민국 시골 풍속도 · 87
―산과 멧돼지

대한민국 시골
구들문화, 민둥산이 사라졌다.
산마다 숲이 우거졌다.

집집마다
석유 보일러
전기 난방 때문

숲에는 낙엽들이
해마다 수북이 쌓여갔다.
산불이 나면
걷잡을 수 없었다.

가을이면 사람들이 산을 찾아와
산나물, 버섯, 약초, 도토리 등을 가져갔다.

멧돼지들이 밤이면
산마을에 나타나
농작물을 파헤쳐 놓고 달아났다.

길거리, 상가에 나타나 난동을 부리다가 달아났다.
꿀꿀꿀

꿀 먹고 벙어리
사람들에게 시위를 벌였다.
—멧돼지 생존권 보장해라. 꿀꿀꿀
—멧돼지 식량을 채취해 가지 마라. 꿀꿀꿀
—우리 생활터전에 방화하지 마라.

멧돼지들은 시위 도중에
사람들이 쏜 총에 맞고 쓰러졌다.

대한민국 시골 풍속도·88
―파리와 모기

여름 대한민국 시골
시궁창에는
파리, 모기 태어났다.

파리는
구린내 찾아
무리 지어 다니고

모기는
피를 빨기 위해
동물을 찾아다녔다.

벌과 나비는
향기 찾아
돌아다니고

꽃들의 가루받이 도와주고
꿀을 얻어갔다.

파리와 모기는
꽃을 찾아가지 않았다.

벌과 나비는
구린내 나는 곳을 싫어했다.
파리와 모기가
어쩌다 꽃을 찾아올 때는
꽃 화분에 부패가 안 된 음식물이
역겨운 냄새를 풍기고 있었다.
꽃구경하는 사람들이 와글거리고 있었다.

대한민국 시골 풍속도·89
―추석

추석 때가 되면
기차역, 버스터미널
귀향, 귀성 인파로 넘쳤다.

고향에서
추석을 보냈다.

추석날 귀향 귀성 풍속
점점 변해갔다.

시골에 남아 계시는 부모 친척
돌아가시고
조상들의 묘소는
벌초 대행에 맡기고
일 년에 한 차례
제각에서 시제로 모셨다.

죽으면 고향땅으로 돌아가리라는 소원
자식들 맘대로
도시 근교
화장터에서 가루가 되었다.

추모 공원, 납골당에 갇혔다.

시골에서 추석맞이 점점 줄어들어갔다.
추석날
해외여행 가는 사람이 점점 늘어났다.

대한민국 시골 풍속도·90
― 갈팡질팡

시골
하천, 강, 저수지
토종 물고기가 점점 자취를 감추었다.
베스, 블루길 외래어종이 차지했다.

토종 꽃도
외래 꽃들에게 점점 자리를 내어주었다.

우리 꽃 진달래, 개나리, 무궁화 꽃
풀이 죽고
벚꽃, 찔레꽃, 장미꽃이
기세등등

시골 농사일, 고기 잡는 일, 나무 가꾸는 일
모두 외국 일꾼들이 도맡았다.

삼천리 방방곡곡
시골에는
객들에게 자리 내어주고
주인들은 갈팡질팡

대한민국 시골 풍속도·91
―산지기 집 거문고

시골
산지기 네가 돈을 벌어
거문고를 샀다.

연주 안 하고 그대로 두어
먼지 쌓인 거문고
먼지를 털어내고
거문고 연주 연습 시작했다.

여기저기
거문고 연주자 찾아다니며
부지런히 연습했다.

서툰 연주지만
산지기 집에서 거문고 소리 들려왔다.

산지기라고
무시하던 사람들도
우러러 보았다.

산지기는
거문고지기가 되었다.

전통 음악 연주자가 되었다.
초청 연주 해달라는 주문이 쇄도했다.

대한민국 시골 풍속도·92
―골프장

대한민국 시골
곳곳에 골프장이 생겨났다.

산이 파헤쳐지고
숲이 사라졌다.

산짐승들이
보금자리에서 쫓겨났다.

산속 골프장에는
골프 치러 온 사람들이
들락날락

골프공이
하늘로 튀어 오르다가
잔디밭 깃발 가까이 나뒹굴었다.

"나이스 샷"
박수 소리 들려왔다.
깔깔깔 함박웃음 소리 들려왔다.

대한민국 시골 풍속도·93
― 폐그물

고기 잡다가 낡은 폐그물
플라스틱, 생활 쓰레기
바다 속에 버렸다.

바닷물고기들
생활 터전 잃었다.

쓰레기 먹고
물고기들 병들었다.

어부들
바다 속에 폐그물 버리고
스스로 제 무덤 팠다.

오염된 물고기
알 낳고 새끼 치지 않았다.

물고기가 잡히지 않아
울상이 되었다.

대한민국 시골 풍속도 · 94
―폐비닐, 농약병

농부들
풀 돋아나지 못하게
폐비닐 씌워
채소 농사 지었다.
농사짓고 난 뒤
폐비닐 아무데나 버렸다.

농작물
병충해 막기 위해
농약을 뿌렸다.
농약 빈병
아무데나 버렸다.

논과 밭에
폐비닐, 농약병
흉측하게 흩어져 있었다.

비닐과 농약병은 썩지 않아
논밭에 그대로 남아서
농사일 방해했다.

대한민국 시골 풍속도·95
―농막

도시가 답답한 사람들
도시 가까운 시골
주말 농장, 텃밭 사들여
컨테이너 농막 지었다.

자연인 흉내 내며
텃밭에 상추, 쑥갓, 가지, 오이…
채소 심고
휴일마다 들락날락
농사 체험
반찬거리 자급자족

텃밭 구입, 농막 값
종자 값, 비료 값, 농약 값
휴일마다 왔다갔다
손익 계산 따지면
시장에서 사 먹는 것이
훨씬 저렴했다.

자연인 농사 체험
쌓기 위해 헛고생만 했다.

대한민국 시골 풍속도 · 96
―중간 상인

농축산어물은
중간 상인이
생산자와 소비자를 연결했다.

시골에서 농사 짓고
가축 기르고
해산물 양식하거나 잡는 사람은 생산자

도시에서
밥과 반찬거리 재료를
사 먹는 사람은 소비자

시골에서 중간 상인이
농축산어물 가져다가
소비자에게 이문을 넘겨 팔았다.

생산자와 소비자만
가격이 폭등하고 폭락
울고 웃고
중간 상인 수고의 대가는 변함이 없었다.

대한민국 시골 풍속도·97
―무궁화꽃

대한민국 국화는
무궁화꽃

애국가에
"무궁화 삼천리금수강산
대한 사람 대한으로 길이 보전하세"

나라꽃 무궁화 푸대접
관공서, 공원에도
무궁화꽃 볼 수 없었다.

벚꽃, 진달래꽃, 이팝나무 꽃, 아카시나무 꽃, 장미꽃…
다른 나라 국화
꽃 축제, 꽃구경
와글와글

무궁화꽃은
단군 신화에서
곰이 쑥과 마늘만 먹고 사람이 되어
단군을 낳았듯이
칠월부터 시월까지 백 일 동안 피었다 졌다.

울타리에 심어져 있는
무궁화는 윗가지 싹둑 잘려
꽃도 피지 못했다.

대한민국 나라꽃
무궁화꽃
시골 곳곳 다시 피어나야 한다.

대한민국 시골 풍속도·98
―한류 바람

우리나라 대중문화
한류 바람이
세계 곳곳에서 거세게 불고 있다.

케이 팝, 한국 드라마, 한국 요리, 웹툰…
덩달아 한글을 배우겠다고
지구촌 사람들 줄 섰다.
대한민국을 열광했다.

―줄을 서시오! 줄을 서시오!

박수칠 때
정신 바짝 차려야
전국 방방곡곡 무궁화꽃 활짝 피어난다.

대한민국 시골 풍속도·99
― 시골 정서

시골을 머리로만
생각하는 사람
시골 골방에 앉아있다.

시골을 걸어 다니며
직접 체험해 보아야
시골 정서
가슴으로 느낀다.

도시는
자연 위에서 살아가고
시골은
자연과 더불어 살아간다.

머리로 생각하는
시골은 바람이다.

가슴으로 느끼는
시골은 안개다
다리로 걷는
시골이 물길이다.

대한민국 시골 풍속도·100
―평화 체험장

남북 분단
대한민국

살아있는
세계 평화 체험장

오천 년
평화롭게 살아왔다.

단군 신화는
하늘의 뜻

사람이 되는 것을
포기한 호랑이는
짐승이 되고

쑥과 마늘만 먹고
백 일 동안 참고 견딘 웅녀
단군의 어머니가 되었다.
단군 신화는
대한민국 시골 풍속도를

신화로 가르쳐 주었다.

호랑이처럼 본능대로 행동하면
짐승이 되고 말지만
사람답게 평화롭게 살아가면
홍익인간이 된다고 이르셨다.

해설

일상에서 건져 올린 웅숭 깊은 시심과 진솔한 표현적 감동

정성수

1. 들어가면서

시인이 시를 쓰는 이유는 감정과 생각, 경험을 표현해 불특정 다수인에게 감동과 즐거움을 주기 위해서이다. 시는 언어의 미학적 진술로, 시인의 내면 세계를 독자에게 전달하는 도구로 사랑·슬픔·기쁨·그리움 등 인간의 복잡한 감정을 표현하는 힘을 가지고 있다. 또한 인간적, 사회적, 정치적 현상에 대한 시인의 견해를 반영하는 수단이기도 하다. 이런 방식으로 쓴 시는 독자에게 새로운 시각을 제공하고, 어떤 이슈에 대한 깊은 이해를 촉진하는 역할을 한다.

또한, 시는 언어와 문화의 아름다움을 강조하고, 독자에게 언어의 힘과 가능성을 보여주는 동시에 단어와 문장, 의미와 상징을 통해 삶을 재구성하고, 새롭게 경험하는 세상을 해석하고 대처하는 데 도움을 준다.

따라서 '김관식 시인이 시를 쓰는 이유는 자신의 감정과 생각을 표현하고, 독자와 소통하며, 사회적 문제를 탐색하고, 언어의 아름다움을 공유하는 데 있다' 고 짐작한다.

김관식 시인의 저서는 다양하다. 그가 펴낸 책들은 시집 23권을 비롯해서 동시집, 문학평론집, 문학이론서, 시 창작이론서, 명상칼럼집, 전설집 외 좋은 동시 재능기부 동시집 등 헤아릴 수 없이 많다.

　동·서양의 시인들 중에는 여러 문학 장르를 넘나들며 방대한 저술을 남긴 대가들이 많다. 김관식 시인 또한 장르를 가리지 않고 방대한 저술서를 계속 펴내고 있는 것을 보면, 이 시대의 대표적 저술가이자 문학가라고 말할 만하다.

　김관식 시인이 이처럼 방대한 저서를 낼 수 있는 원동력은 문학에 대한 뜨거운 열정이 있기 때문이다. 그는 어떤 주제와 소재를 맞이하면 낮과 밤을 가리지 않고 글을 쓴다. 특히 각종 신문과 지상에 글을 연재하고 때로는 서평을 하느라 쉴 틈이 없다. 그의 글은 거침이 없고 막힘이 없다. 어디서 그 많은 시상과 생각들이 솟아나는지 경이롭다. 마치 수돗꼭지를 틀면 수돗물이 쫠쫠 쏟아지듯 한다. 그가 이처럼 많은 글들을 자연스럽게 써 낼 수 있는 힘은 다양하고 구체적인 경험이 있기 때문이 아닌가 한다. 일상생활에서 발견한 시적 주제와 경험에서 얻은 이야기들을 진솔하게 표현한다. 이런 것들을 쉽고 일상적인 언어를 사용하여 친근감 있게 풀어내 독자들에게 감동을 주기에 충분하다.

　이번에 김관식 시인이 23번째로 상재하는 세태 풍자 연작시집 『대한민국 시골 풍속도』는 다른 시인들이 생각하지 못한 여러 사건과 생각들이 곳곳에서 똬리를 틀고 있다. 하찮고 시시하고 별 볼일 없는 것들은 시인의 예리한 시선과 풍성한 감정을 통해 풍자하고 있다.

일반적으로 풍자시라고 하면 떠오른 사람이 방랑 시인 김삿갓(본명 김병연金炳淵, 호는 난고蘭皐 /1807년: 순조 7~1863년:철종14)이다. 그는 허름한 삿갓을 쓰고 조선 팔도를 돌아다니며 양반들의 부패와 죄악, 비인도성을 폭로하며 풍자한 시를 많이 썼다. 그의 시는 주로 인도주의적인 감정과 평민 사상에 기초하여 지배층에 대해 강한 반항 정신을 나타냈다. 그는 예리한 시각만큼이나 언어 감각이 탁월해, 시어 하나하나로 풍자를 하고, 내용으로 풍자해 이중의 풍자 효과가 있다. 특히 해학과 위트와 기지는 그가 많은 서민들에게 사랑받았던 이유다.

이제 못지 않은 이가 김관식 시인이다. 세태 풍자 연작 시집 『대한민국 시골 풍속도』에는 요즘 시골이 옛날 시골이 아님을 예리한 눈과 경험을 통해 우리에게 일갈하고 있다.

과거 시골은 농사일이 주가 되어 자연과 함께 살아가는 것이 일상이었다. 하지만 기술의 발전으로 농업도 기계화되고, 정보 통신 기술의 발전으로 시골과 도시의 정보 격차가 줄어들었다. 또한 도시화와 인구 이동도 큰 영향을 미쳐, 많은 사람들이 더 나은 삶을 찾아 도시로 이동하면서 시골의 인구는 대폭 줄어들었다. 이로 인해 시골의 전통적인 생활 방식과 문화가 사라지고 있다. 환경의 변화도 시골의 변화에 한몫했다. 산업화와 도시화로 인해 자연 환경이 파괴되어 시골의 경치와 풍광은 물론 생태계에 영향을 미쳤다.

김관식 시인은 이런 변화들을 시로 풀어내면서 이 변화

가 반드시 나쁜 것만은 아니라며 현실을 직시해 받아들여 긍정적으로 평가하고 있다. 특히 이 변화는 새로운 기회를 제공하며, 이를 통해 더 나은 미래를 만들 수 있음을 역설하고 있다. 시인의 시를 읽는 일은 즐거움이요, 기쁨이다. 나아가 인생을 깨닫고 삶을 뒤돌아 보는 일이다. 그래서 김관식 시인의 시는 '인생의 시' '삶의 시' '지혜와 깨달음의 시' 라고 할 수 있다.

2. 일상에서 건져 올린 웅숭 깊은 시심과 진솔한 감동

세태 풍자시는 일상생활이나 풍습 등에서 보이는 상태나 형편을 풍자하는 시로 사람들의 행동, 가치관, 사회의 부조리한 상황 등을 성찰하고 비판한다. 또한 사회적 갈등을 유발하는 문제들을 현실적이고 직접적으로 다루며, 이를 통해 사회의 변화와 발전을 촉구한다. 이는 사회의 다양한 이슈를 재미있고 독특한 방식으로 표현하며, 독자들에게 사회적인 인식을 높이는 계기를 제공한다.

김관식 시인의 세태 풍자 연작시집 『대한민국 시골 풍속도』는 칼라가 아니고 어둠과 고난의 흑백 영화다. 영화의 장면 장면들이 우리에게 시사하는 것들은 거대하고 위대하다. 그의 시들을 따라가 보자. 시 편편에서 느끼는 감동은 이런 것이라고 시인은 말하고 있다.

시골 마을
누렁이가 도와주었던 농사일
경운기, 트랙터, 이앙기 농기계가

도맡아서 척척

이제 소는 일하지 않고
빈둥빈둥 놀고먹으며
잡아먹히는 비육소로 길러졌다.

한두 마리
외양간에서 여물 먹고
일하던 소들

커다란 축사에서
수십, 수백 마리
사료 먹고 볏짚 갈무리해 놓은
공룡알(곤포사일지) 먹으며 뒤룩뒤룩

가축 시장으로 팔려나가
도축장에서 최후를 맞이했다.

식탁에 쇠고기로 올라오기 시작하면서
가을이면
겨우내 소 먹일 공룡알 만들었다
시골 들판 볏짚들은
래핑기로 비닐 칭칭 감겨
곤포사일리지 뭉치가 되었다.
시골 마을마다
커다란 축사가 들어서고
공룡알이 들판을 지켰다.
　　ー「대한민국 시골 풍속도 · 4 ㅡ축사」 전문

시는 시골의 변화와 그 과정에서 일어나는 자연과 인

간, 그리고 동물들의 삶의 변화를 섬세하게 표현하고 있다. 시인은 현대의 농기계와 축산업의 발전으로 인한 변화와 그 과정에서 소의 삶이 어떻게 변했는지를 보여주고 있다.

소가 농사일을 돕는 모습은 전통적인 농업사회의 모습을 상징한다. 그러나 시가 진행됨에 따라, 소는 더 이상 일하지 않고, '빈둥빈둥 놀고먹으며' 살아간다. 이는 현대의 축산업의 발전과 소의 삶이 어떻게 변화하였는지를 증거하는 것이다.

또한 '공룡알'이라는 비유를 통해 현대 농업의 모습을 그리고 있다. 볏짚을 감아 만든 '곤포사일리지'는 농업의 기술적 발전을 상징하며, 이를 통해 시골의 풍경이 어떻게 변화하였는지를 말한다.

시는 시골의 변화와 그 과정에서 일어나는 삶의 변화를 섬세하게 그려내고, 묘사는 독자에게 시골의 변화를 체감하게 하며, 그 과정에서 일어나는 자연과 인간, 그리고 동물들의 삶의 변화를 생각하게 만든다. 이는 우리가 살아가는 세상의 변화를 이해하고, 우리의 삶이 어떻게 변화하는지를 생각하게 한다.

따라서 시를 통해 시골의 변화와 그 안에서 일어나는 삶의 변화를 이해하게 되며, 삶과 사회에 대해 다시 한번 생각해 볼 수 있는 기회를 제공한다. 그런 의미에서 매우 가치있는 시라고 할 수 있다.

유월 아침
노란 통학버스가 마을길로 들어설 때

뻐꾸기 울음소리가 유난히 크게 들려왔다.

뻐꾹뻐꾹
주름살 씰룩씰룩
빈 유모차 앞세우고
어기적어기적 손주 등교시키는 할머니

이따금씩
가슴을 후비는
짜릿한 관절 통증 비명 같은
엇박자 울음으로
뻐뻐꾹 뻐뻐꾹

땡볕
알 품고 있는 붉은머리오목눈이 둥지
찾지 못해 안절부절
시골 마을 기웃거리며
제 슬픔에 겨워 목 놓아 울고 있었다.
ㅡ「대한민국 시골 풍속도·9 ―뻐꾸기」 전문

시는 일상의 소소한 순간들을 통해 인간의 삶과 자연의 아름다움을 그려내고 있다. 시작은 유월 아침, 마을길로 들어서는 노란 통학버스와 함께한다. 이는 새로운 하루의 시작을 알리는 상징적인 장면으로, 독자에게 편안함과 익숙함을 준다.

뻐꾸기의 울음소리는 시의 중심 주제로, 시의 흐름을 이끌어간다. 뻐꾸기의 울음은 주름진 할머니의 삶과 연결되며, 그녀의 삶의 아픔과 고독, 그리고 희망을 상징한다. 또한, 뻐꾸기의 울음은 붉은머리오목눈이의 슬픔과도 연결되어, 자연과 인간의 공감대를 형성한다.

따라서 시는 땡볕 속에서 붉은머리오목눈이가 알을 품고 둥지를 찾지 못하는 모습으로 마무리된다. 이 장면은 삶의 어려움과 도전을 상징하며, 독자에게 희망과 용기를 불러일으킨다. 또한 자연과 인간의 삶이 어떻게 서로에게 영향을 미치는지를 깨닫게 한다.

개나 소나
시인이 되는 대한민국
문예지마다 신인상 제도를 두고
구독자의 엉터리 작품을 문단 등단이라고
짝퉁 문인들 마구 남발했다.

퇴물 국문과 교수들 소일거리
시창작 강의 듣고
농부 시인 되었다.

엉겁결에 떠밀려
시인이 된 농부
지역 문인단체 회원이 되어
시화전, 시낭송회 기웃기웃
지역 명사 탈을 썼다.

어쩌다 이름 없는 글 모집에
당선되거나 지역 문인단체 감투 쓸 때면
제 자랑 현수막 길거리에 내걸고
마을 잔치 벌였다.

시인은 가문의 영광

명함 찍어 만나는 사람마다 나눠주고
엉터리 시를 모아 퇴물 교수 해설 곁들인
시집 발간하여 출판기념회 열었다.

읍내 출판기념회장에는
너덜너덜 지역 유지, 정치인, 농민단체장, 동문회장이 보내온
화환들이 즐비하게 늘어섰다.

지역 인물들
꾸역꾸역 몰려들어 와글와글
사회자의 장황한 참석 명사 소개
명사들의 축사, 격려사마다
농부 시인을 추겨 세웠다.

불량 씨앗 심으면
한 해 농사 망치는 걸 알면서도
짝퉁 시집 내민 농부 시인
간이 커졌다.

들뜬 농심에다 다이너마이트
심지에 불붙인 노벨의 환상
영농 일기 같은 넋두리 문집

문학을 싸구려 취미 활동으로
신분 상승 정치 수단으로
풍선 띄운 허수아비 농부
천박한 문학놀이
시인 농부 되었다.
　　－「대한민국 시골 풍속도 · 15 －농부 시인」 전문

시는 현대 사회에서 농부가 시인이 되는 과정과 그 결과를 비판적으로 바리보고 있다. 시인이 된 농부의 모습은 문학의 상품화와 대중화를 통해 본질을 잃어가는 현대 문학계의 모습이다.

　시의 초반부에서는 농부가 시인이 되는 과정을 그린다. 농부는 시창작 강의를 듣고 시인이 되며, 지역 문인 단체의 회원이 되어 시화전과 시낭송회에 참여한다. 이러한 과정은 농부가 시인으로서의 인식을 얻기 위해 노력하는 모습이다.

　그러나 시의 후반부에서는 이러한 노력이 어떠한 결과를 가져오는지를 보여준다. 농부는 자신의 시집을 발간하고 출판기념회를 열지만 이러한 행위는 본질적인 문학적 가치를 추구하기보다는 사회적 인정과 명성을 추구하는 것이다.

　따라서 시는 문학의 본질을 잃어가는 현대 사회를 비판하고 있다. 시인이 된 농부의 모습을 통해 시인의 본질과 문학의 가치가 상품화와 대중화에 의해 훼손되고 있다는 메시지를 전달하고 있다. 이러한 메시지는 우리가 문학의 본질을 되새기며 진정한 문학적 가치를 추구해야 함을 일깨워준다.

　　해마다 열리는
　　시 · 군 · 면민의 날
　　주민 화합 한마당

　　국민의례에 이어서 기관장 축사.
　　지역 단체장. 내빈 격려사

요점만 짧게 말했으면 좋으련만
장황하게 헛소리 나불나불

자칫 잘못하면 조롱감
철면피 속셈을
눈치 빠른 사람은 다 안다.

초중등 학생 재롱 잔치
무용, 연주, 풍물로 흥 돋우고.
민속놀이, 운동경기
먹거리 잔치까지
밤에는 트로트 가수 초청 공연으로
시끌벅적

지역마다 특색 없이 엇비슷
지방자치 시대 향토 옛 전통 부활하거나
존경받는 작고 명사 정신을 이어
자긍심을 높여주면 좋으련만

은밀히 제 잇속 챙기는 홍보 활동
속내 드러내는 기관장, 지역 명사
오징어 먹통을 터뜨리고
혼자 똑똑한 척

쓸만한 인물은
꼭꼭 숨어 나서지 않았다.
쭉정이들만 신바람 거들먹
축제 "축"자에서 가장 윗꼭지
획 하나 떼어내고 있었다.
　　　―「대한민국 시골 풍속도 · 25 －시 · 군 · 면민의 날 행사」 전문

시는 우리 사회의 축제 문화와 그 안에서 벌어지는 인간들의 행동을 선명하게 그려내고 있다. 시인은 축제의 흥겹고 화려한 표면 아래 숨겨진 이면을 불러내 그것이 어떻게 개인과 사회에 영향을 미치는지를 보여주고 있다.

시의 첫 부분에서는 축제의 시작을 묘사하며, 기관장의 장황한 축사와 그것이 주는 조롱감을 통해 축제의 표면적인 화려함과 그 안의 빈곤함을 대비시킨다. 이는 축제가 단순히 즐거움을 주는 것이 아니라, 사회적인 문제를 가리기 위한 수단으로도 사용될 수 있다는 비판을 담고 있다.

또한, 시인은 축제가 지역마다 특색 없이 비슷하다고 지적하며, 이를 통해 현대 사회에서의 전통과 향토 문화의 소실을 우려한다. 이는 현대화와 글로벌화가 우리의 생활에 미치는 영향을 보여주는 한편, 우리가 그것을 어떻게 대처해야 하는지에 대한 고민을 던진다.

마지막으로, 시인은 축제에서 개인의 행동을 통해 사회적인 문제를 지적한다. 기관장이나 지역 명사들이 자신의 이익을 챙기는 모습, 그리고 그것을 알면서도 무시하거나 무관심한 사람들의 모습을 통해, 우리 사회의 이기주의를 비판한다.

결국 시는 축제라는 테마를 통해 우리 사회의 여러 가지 문제를 선명하게 조명하고 있다. 이를 통해 우리는 현대 사회에서 자신의 위치와 태도를 다시 한번 생각하게 만든다. 이런 점에서 이 시는 많은 생각을 주는 시라고 할 수 있다.

시골에
귀농, 귀촌하면
텃세를 부리는 못된 사람들이 있었다.
아무 일도 아닌 것 가지고
괜스레 트집 잡고
친절을 가장하여
사사건건 간섭하는
되먹지 못한 무지렁이가 있었다.

낯선 사람이 빨리 적응하여
잘 살 수 있도록 도와주지 못할 지언정
상대 약점 잡아 시비를 걸어오는
갑질, 거지근성
개 버릇 남 못 주고
약한 사람 괴롭히는 놀부 심보
남이 잘 사는 꼴, 배가 아프고
제 입장만 생각하는
몰상식한 시골 사람들 때문에
귀농 귀촌을 포기하고
다시 도시로 되돌아가기도 했다.
　　　－「대한민국 시골 풍속도 · 35 －텃세」 전문

　시는 귀농, 귀촌을 통해 시골 생활에 대한 현실적인 이해를 제공한다. 시인은 시골 사람들의 행동과 태도를 묘사하면서, 그들이 어떻게 새로운 이웃을 받아들이는지를 보여준다. 시인은 이러한 행동을 비판하면서, 도시에서 시골로 이동하는 사람들이 겪는 어려움을 강조한다.
　시의 첫 부분에서 시인은 시골 사람들이 새로운 이웃에게 친절을 가장하면서도 사사건건 간섭하는 모습을 그린다. 이는 시골 사회의 복잡성을 보여주는 동시에, 새로운 이웃이 어떻게 새로운 환경에 적응해야 하는지를 알게 한다.

그러나 시의 두 번째 부분에서는 시골 사람들의 부정적인 행동을 더욱 강조한다. 그들은 자신들의 입장만을 생각하고, 다른 사람이 잘 사는 것을 부러워하며, 약한 사람을 괴롭힌다. 이러한 행동은 귀농, 귀촌을 포기하고 다시 도시로 돌아가게 만든다.

이 시는 시골 생활의 어려움을 현실적으로 보여주면서도, 그 안 사람들의 인간성과 동정심을 강조한다. 또한 시인은 시골 사람들의 행동을 비판하면서도, 그들이 겪는 어려움을 이해하려고 노력한다.

시는 우리에게 시골 생활의 복잡성과 다양성을 보여주는 동시에, 어떻게 더 나은 이웃이 될 수 있는지를 묻는다.

사과, 복숭아, 포도, 배 과수원에서는
가루받이한 꽃이 떨어지면
작은 열매가 맺기 시작했다.

농부는 일하는 사람들과 함께
사다리 위로 올라가
벌레가 들어가지 못하도록
모든 열매에 봉지를 씌웠다.

열매 봉지 씌운 갯수에 따라
일하는 사람들은 품삯을 받아갔다.

일하는 사람들은 땀방울 뻘뻘 흘리며

열매에 한 봉지라도 더 씌우려고
말이 없었다.
—「대한민국 시골 풍속도 · 43 –봉지 씌우기」 전문

  시는 농부와 일하는 사람들의 고된 노동을 통해 자연과 인간의 관계를 섬세하게 그려내고 있다. 시의 시작부터 끝까지, 시인은 과수원에서 일어나는 모든 과정을 독자에게 그 장면을 생생하게 보여준다.

  시의 첫 부분에서는 꽃이 떨어지고 작은 열매가 맺히는 과정을 통해 자연의 순환과 생명력을 말하는 동시에 농부의 노동이 자연과 어우러져 새로운 생명을 만들어내는 과정을 상징하고 있다.

  특히 농부와 일하는 사람들이 열매에 봉지를 씌우는 장면은 노동의 가치가 중요하다는 것을 일깨워 준다. 또한 이들의 땀방울은 노력과 헌신을 상징하며, 이를 통해 농작물이 우리의 밥상에 오기까지 얼마나 많은 노력이 필요한지를 깨닫게 한다.

  일하는 사람들이 말 없이 땀을 흘리며 일하는 모습은 그들의 끈기와 헌신을 보여주는 것이다. 이들은 어려움에 굴하지 않고, 오히려 더 많은 열매에 봉지를 씌우려고 노력한다. 이는 인간의 끈기와 인내력을 보여주는 강력한 상징이다.

  결국 이 시는 자연과 인간, 노동과 헌신에 대한 깊은 이해이다. 시를 통해 노동이 얼마나 중요한지, 그리고 그 노동이 어떻게 우리의 삶에 영향을 미치는지를 이해하게 된다. 또한 자연과 인간과 관계가 어떻게 우리의 삶을 형성

하는지에 대해 깊이 생각하게 만든다.

    고기 잡는 어부
    고기잡이 접었다.

    그물질 힘겹고
    고기도 안 잡혔다.
    고기잡이 도구 모두 버리고
    어선을 낚싯배로 바꾸었다.

    선그라스, 마도로스 모자
    말쑥한 옷차림
    의젓한 낚싯배 선장 되었다.

    찾아오는 낚시꾼들 싣고
    낚시 포인트 찾아
    바다를 누볐다.

    고된 어부 일
    낚시꾼들에게 넘겨주었다.
       -「대한민국 시골 풍속도 · 48 -낚싯배 선장」 전문

  시는 어부의 삶과 그의 변화를 표현하고 있다. 시의 시작 부분에서 어부는 고기잡는 일에 실패하고, 그의 노력은 허사로 끝난다. 그러나 실패는 어부에게 새로운 기회를 제공한다. 그는 자신의 도구를 버리고, 어선을 낚싯배로 바꾸어, 새로운 삶을 시작한다.
  중간 부분에서는 어부가 선장으로서 새로운 역할을 수행하는 모습을 볼 수 있다. 그는 낚시꾼들을 싣고 바다를

누비며, 그들에게 낚시의 즐거움을 제공한다. 이는 어부가 자신의 삶을 바꾸는 데 성공했음을 보여주는 강력한 상징이다.

   시의 마지막 부분에서는 어부가 그의 고된 일을 낚시꾼들에게 넘겨주는 모습을 볼 수 있다. 이는 어부가 자신의 삶을 바꾸는 데 성공했음을 보여주는 것이다.

    따라서 이 시는 실패는 종종 새로운 기회를 제공하며, 변화는 긍정적인 결과를 가져올 수 있음을 보여준다. 어부의 이야기는 우리에게 희망과 용기를 준다. 뿐만 아니라 삶의 어려움을 극복하고, 새로운 시작을 감행할 수 있는 용기를 주는 시이다.

    경치가 좋은
    산촌, 농촌, 어촌 마을에는
    민박집이 있다.
    도시에서 시골로 휴양온
    사람들이 머물고 가는
    가정집 숙박

    집 고쳐
    손님맞이

    시골 사람 얕잡아 보고
    함부로 불평 늘어놓는
    모리배를 만나면

    제 잘났다 거드름 피우는
    뉴스거리 단골 인물

보는 것 같아 씁쓸했다.
―「대한민국 시골 풍속도 · 55 ―민박」 전문

시는 우리의 전통적인 산촌, 농촌, 어촌의 풍경과 그곳의 생활을 아름답게 그려내고 있다. 시인은 도시에서 시골로 휴양을 오는 사람들이 머무는 민박집을 중심으로 이야기를 펼쳐나간다. 민박집은 가정집을 고쳐 손님을 맞이하는 곳으로, 시골의 평화로움과 아름다움을 도시 사람들에게 제공한다. 그러나 시의 후반부에서는 시인이 시골 사람들을 얕잡아보고 무례하게 행동하는 모리배를 만나게 된다. 모리배는 자신이 잘났다며 거드름을 피우는 뉴스거리의 단골 인물로, 시인에게 씁쓸한 기분을 느끼게 한다. 이를 통해 시인은 도시와 시골, 현대와 전통 사이의 간극을 선명하게 드러내고 있다.

이 시는 우리에게 자연과 전통, 그리고 현대 사회의 모순에 대해 생각해 보게 하는 힘이 있다. 도시에서 온 사람들이 시골의 아름다움을 찾아오지만, 그들 중 일부는 시골 사람들을 경멸하며 무례하게 행동한다. 이러한 모순적인 행동은 우리 사회의 복잡성과 모순을 반영하는 동시에 그런 모순을 통해 인간 존중과 이해의 중요성을 일깨워주는 메시지를 전달한다.

어촌에서는
갈수록 물고기들이 줄어들자
어류들을 보호하기 위해
금어기를 두었다.

그물코 규격을 제한하여
새끼 물고기는 살려 주고
큰 물고기만 잡았다.

어류들의 알을 부화하여
새끼들을 방류하였다.

금어기는
어부들의 휴가였다.
항구 선착장에 어선을 묶어두고
물고기들이 잘 자라서
해마다 고기를 잡을 수 있도록
물고기들에게 출산 휴가를 주었다.
  －「대한민국 시골 풍속도 · 65 –금어기」 전문

  시는 어촌 생활의 현실과 자연에 대한 깊은 이해를 통해 우리에게 중요한 메시지를 전달하고 있다. 시인은 물고기의 감소와 이에 따른 어부들의 대응을 통해 생명의 소중함과 자연과 공존의 필요성을 강조한다.
  "금어기"라는 주제를 통해 시인은 어부들이 어떻게 자연과 조화를 이루려 노력하는지 보여준다. 그들은 그물의 크기를 제한하여 어린 물고기를 보호하고, 물고기의 알을 부화시켜 새끼를 방류함으로써 생태계를 유지하려고 노력한다. 인간은 자연의 일부이며, 그것을 보호하고 유지하는 책임이 있다는 강력한 메시지이다.
  또한, "금어기는 어부들의 휴가였다"라는 문장은 시의 핵심으로 어부들은 자신들의 휴식 시간을 이용하여 물고기에게 출산 휴가를 준다. 이는 인간과 자연이 서로에게 필요하며, 그들 사이의 균형이 중요하다는 사실을 강조한다.

이 시는 자연과 인간, 그리고 그들 사이의 상호 의존성에 대한 깊은 이해를 보여주는 것으로 우리에게 자연을 존중하고 보호하는 것이 얼마나 중요한지를 상기시킨다. 시 자체로 한 편의 아름다운 그림이며, 그것은 우리가 배울 수 있는 중요한 교훈을 담고 있다.

따라서 이 시를 통해 자연과의 공존의 중요성을 다시 한 번 깨닫게 된다. 또한 우리에게 인간과 자연이 함께 성장하고 발전할 수 있는 방법을 제시한다. 뿐만 아니라 우리에게 인간과 자연이 서로에게 얼마나 중요한지를 상기시키며, 그들 사이의 균형이 중요하다는 것을 강조한다.

삼천리금수강산
아름답다 우쭐거리면서

제 나라 여행지는 시큰둥
해외 휴가 들락날락

애써 모은 돈
다른 나라에서 모두 쓰고 돌아왔다.

경치 좋은 시골 찾아
휴가 보내면
외화 낭비 안 하고
도농 간 더불어 오손도손
지지고 볶으며 잘 살 건데도
비행기 타고

    다른 나라 찾아가
    대한민국 국력 자랑 우쭐우쭐
    호주머니 탈탈 털고 돌아왔다.
    －「대한민국 시골 풍속도 · 75 －해외여행」 전문

  시는 우리나라의 아름다움과 그에 대한 깊은 애정을 표현하면서, 동시에 현대 사회에서의 여행 문화와 소비 패턴에 비판적인 시각을 담고 있다. 시인은 '삼천리금수강산'이라는 말로 시작하여 우리나라의 자연과 경치의 아름다움을 강조하고, 이를 '우쭐거리다'라는 표현으로 묘사함으로써 그 아름다움이 얼마나 눈부시고 찬란한지를 강조한다.

  그러나 이러한 아름다움에도 불구하고, 많은 사람들이 해외로 휴가를 떠나는 현상을 '시큰둥'이라는 말로 그에 대한 불만과 아쉬움을 드러낸다. 이는 우리나라의 아름다움을 인식하지 못하고 외국으로 눈을 돌리는 현대 사람들에 대한 비판이다.

  또한, 시인은 '애써 모은 돈을 다른 나라에서 모두 쓰고 돌아오다'라는 문장으로 해외 여행의 비용 문제를 지적하고 있다. 해외 여행이 개인의 경제적 부담을 가중시키며, 동시에 국내 경제에도 부정적인 영향을 미칠 수 있다는 것을 시사한다.

  마지막 부분에서 시인은 '경치 좋은 시골 찾아/ 휴가 보내면/ 외화 낭비 안 하고/ 도농 간 더불어 오순도순/ 지지고 볶으며 잘 살 건데도// 비행기 타고/ 다른 나라 찾아가/ 대한민국 국력 자랑 우쭐우쭐/ 호주머니 탈탈 털고 돌아왔다.'라는 문장으로 국내 여행의 중요성과 가치를 강조한다. 이는 국내 여행이 개인의 경제적 부담을 줄일 뿐만 아니라, 경제와 지역 사회에도 긍정적인 영향을 미칠 수 있다는 점을 강조한다.

이 시는 우리나라의 아름다움과 가치를 인식하고 이를 존중하며, 동시에 현대 사회의 여행 문화와 소비 패턴에 대한 깊은 성찰을 제공한다. 이러한 통찰력과 시적 표현력은 우리나라의 아름다움을 다시 한번 인식하고 그 가치를 높이 평가하게 한다. 또한 자연보호와 환경보전의 중요성을 상기시키는 중요한 메시지를 전달한다.

시골에는
시 군마다 신문이 대여섯
관공서, 소상공인
진드기처럼 달라붙어
홍보, 광고 강요했다.

광고료 뜯어내고
찌라시 기사 내보내는
황색 언론
지역 사회 발전
걸림돌

국민의 알권리
바른 보도보다
항상 영업 소득이 우선순위

가짜 뉴스로 퍼뜨리고도
태연했다.

철면피 강심장 뇌물 주면
국민의 알권리 무시하고
모르는 체 했다.

가짜 기사도 거침없이 써서
인권도 유린하고 신상정보도 유출했다.
오공 때 언론 통폐합
모두 정비된 줄 알았는데
그 이전보다 더 많이 생겨났다.

지역 사회 분열 조장
쓰레기 매립장
파리, 모기떼들만 웅성거렸다.
　　-「대한민국 시골 풍속도 · 82 －기레기」 전문

　시는 현대 사회의 언론 문제를 강렬하게 비판하고 있다. 시인은 언론이 국민의 알권리를 무시하고 영업 소득을 우선시하는 현상을 지적하며, 이를 통해 언론의 본래 역할에 대한 반성을 촉구한다.

　시의 시작부터 끝까지, 시인은 언론의 부정적인 측면을 냉정하게 드러낸다. '광고료 뜯어내고/ 찌라시 기사 내보내는/ 황색 언론/ 지역 사회 / 걸림돌'이라는 표현은 언론이 이익을 위해 진실을 왜곡하고 가짜 뉴스를 퍼뜨리는 현상을 비판하는 것이다.

　또한 '철면피 강심장 뇌물 주면/ 국민의 알권리 무시하고/ 모르는 체 했다.'는 구절은 언론이 돈과 권력 앞에서 굴하지 않고, 국민의 알권리를 지키는 것이 언론의 본래 역할임을 강조하는 것이다.

따라서 시는 언론이 지역 사회의 분열을 조장하고, 사회의 쓰레기 매립장이 되어버린 현실을 비판하고 있다. 이를 통해 시인은 언론이 사회의 건강한 발전을 방해하는 요소로 작용하고 있다는 점을 지적하고 있다.

뿐만 아니라 우리에게 언론의 본래 역할과 그것이 어떻게 왜곡되고 있는지를 냉정하게 보여주며, 우리가 이 문제에 대해 진지하게 고민해야 함을 일깨워준다. 또한 이 언론의 진정한 역할에 대해 다시 한번 생각해보게 하는 소중한 기회를 제공한다.

시골에서는
농사짓고, 나무 가꾸고, 가축을 기르고 고기를 잡고
자연과 동행

잡초와 싸웠다.
해충과 싸웠다.
눈, 비와 싸웠다. 풍랑과 싸웠다.

장인은
싸울 때마다 승리했다.
해가 갈수록 기술이 쌓여갔다.

장인 농부
장인 산림사
장인 가축 사육사
장인 어부
장인 정신으로 일하면
하루하루 즐거웠다.

-「대한민국 시골 풍속도 · 85 –장인정신」 전문

    시는 시골 생활의 아름다움과 도전을 보여주고 있다. 시인은 농부, 산림사, 가축 사육사, 어부 등 다양한 직업을 가진 사람들이 자연과 함께 어우러져 살아가는 모습을 그려낸다. 이들은 잡초, 해충, 눈, 비, 풍랑과 같은 자연의 도전에 맞서며 살아가는 과정에서 기술과 지혜가 쌓여 간다. 시인은 이들을 '장인'이라고 부르며, 그들의 일에 대한 열정과 전문성을 강조한다. 이들은 자신의 일에 장인정신을 가지고 임하며, 그 결과로 매일매일을 즐겁게 보낸다. 이는 일에 대한 사랑과 존경, 그리고 자연과 공존이 어떻게 삶의 행복으로 이어질 수 있는지를 보여주는 강력한 메시지이다.
    또한 자연과의 동행은 물론 그것이 요구하는 노력과 헌신에 대해 생각하게 한다. 우리는 종종 도시 생활의 편리함에 익숙해져 시골 생활의 어려움을 잊고 살지만 시를 통해 그 어려움이 어떻게 아름다운 풍경, 신선한 공기, 그리고 진정한 만족감으로 이어지는지를 상기하게 만든다.
    뿐만 아니라 우리에게 자연과의 깊은 연결, 그리고 그것이 우리 삶에 미치는 긍정적인 영향에 대해 다시 한번 생각하게 한다. 이 시는 결국 인간은 자연의 일부이며, 그것을 존중하고 보호하는 것이 얼마나 중요한지를 깨닫게 한다.
    따라서 시는 우리에게 인간의 삶과 자연이 어떻게 서로에게 영향을 미치는지, 그리고 그것이 어떻게 우리의 삶을 풍요롭게 만드는지를 보여준다.

시골
하천, 강, 저수지
토종 물고기가 점점 자취를 감추었다.
베스, 블루길로 외래어종이 차지했다.

토종 꽃도
외래 꽃들에게 점점 자리를 내어주었다.

우리 꽃 진달래, 개나리, 무궁화 꽃
풀이 죽고
벚꽃, 찔레꽃, 장미꽃이
기세등등

시골 농사일, 고기 잡는 일, 나무 가꾸는 일
모두 외국 일꾼들이 도맡았다.

삼천리 방방곡곡
시골에는
객들에게 자리 내어주고
주인들은 갈팡질팡
　　-「대한민국 시골 풍속도·90 -갈팡질팡」 전문

시는 현대 한국 시골의 변화를 섬세하게 그려내고 있다. 시인은 자연과 인간의 관계, 그리고 전통과 현대의 충돌을 통해 시골의 변모를 묘사한다.

첫 연에서는 하천, 강, 저수지에서 토종 물고기가 사라지고 외래어종인 베스와 블루길이 그 자리를 차지하는 모습을 그린다. 이는 생태계의 변화와 함께 전통적인 자연의 모습이 점차 사라지고 있음을 상징한다. 토종 물고기의 자취가 사라지는 것은 단순한 생태계의 변화가 아니라, 우리의 전통과 문화가 외래의 것들에 의해 대체되고 있음을 암시한다.

　두 번째 연에서는 토종 꽃들이 외래 꽃들에게 자리를 내어주는 모습을 묘사하고 있다. 진달래, 개나리, 무궁화와 같은 우리 꽃들이 벚꽃, 찔레꽃, 장미꽃에 밀려 풀이 죽는 모습은, 우리의 전통적 아름다움과 가치가 외래의 것들에 의해 점차 잊혀지고 있음을 나타낸다. 이는 문화적 정체성의 상실과도 연결된다.

　세 번째 연에서는 시골의 농사일, 고기 잡는 일, 나무 가꾸는 일 등 전통적인 시골의 일들이 외국인 노동자들에 의해 대체되는 모습을 그린다. 이는 경제적 변화와 함께 시골의 전통적인 생활 방식이 점차 사라지고 있음을 말하는 것이다. 외국인 노동자들이 도맡는 일들은, 시골의 주인들이 더 이상 그들의 역할을 다하지 못하고 있음을 상징한다.

　마지막 연에서는 시골이 객들에게 자리를 내어주고 주인들은 갈팡질팡하는 모습을 그린다. 이는 시골의 정체성과 주체성이 흔들리고 있음을 나타낸 것이다. 삼천리 방방곡곡, 즉 전국적으로 시골이 변화하고 있으며, 그 변화 속에서 시골의 주인들은 방향을 잃고 방황하고 있음을 암시한다.

　따라서 시는 현대 한국 시골의 변화를 통해 전통과 현대, 자연과 인간, 그리고 문화적 정체성의 문제를 깊이 있게 탐구하고 있다. 시인은 이러한 변화를 통해 우리가 잃어가고 있는 것들에 대한 경각심을 일깨우고, 전통과 자연의 가치를 다시 한 번 생각해 보게 한다.

    도시가 답답한 사람들
    도시 가까운 시골
    주말 농장, 텃밭 사들여
    컨테이너 농막 지었다.

    자연인 흉내 내며
    텃밭에 상추, 쑥갓, 가지, 오이…
    채소 심고
    휴일마다 들락날락
    농사 체험
    반찬거리 자급자족

    텃밭 구입, 농막 값
    종자 값, 비료 값, 농약 값
    휴일마다 왔다갔다
    손익 계산 따지면
    시장에서 사 먹는 것이
    훨씬 저렴했다.

    자연인 농사 체험
    쌓기 위해
    헛고생만 했다.
    -「대한민국 시골 풍속도 · 95 -농막」 전문

  시는 현대 도시인들의 삶과 그들이 자연을 갈망하는 모습을 담고 있다. 도시 생활의 답답함을 느끼는 사람들이 주말 농장과 텃밭을 통해 자연과의 접촉을 시도하는 모습을 그린다. 그러나 이러한 시도는 경제적, 시간적 비용을 고려할 때 비효율적이라는 점을 강조하고 있다.

시의 첫 부분은 도시 생활의 답답함을 느끼는 사람들의 심리를 묘사한다. "도시가 답답한 사람들"이라는 구절은 도시 생활의 스트레스와 피로감을 느끼는 사람들의 심정을 잘 나타낸다. 이들은 도시 가까운 시골에 주말 농장과 텃밭을 사들여 컨테이너 농막을 짓고, 자연인 흉내를 내며 텃밭에 채소를 심는다. 여기서 "자연인 흉내"라는 표현은 도시인들이 자연의 삶을 동경하지만, 실제로는 흉내만 내고 있다는 점을 시사한다.

중간 부분에서는 이들이 텃밭에서 채소를 심고, 휴일마다 들락날락하며 농사 체험을 하는 모습을 그린다. "상추, 쑥갓, 가지, 오이…"라는 구체적인 채소 이름들은 독자에게 생생한 이미지를 제공한다. 이러한 활동을 통해 반찬거리를 자급자족하려 하지만, 실제로는 많은 비용과 시간을 들여야 한다. "텃밭 구입, 농막 값, 종자 값, 비료 값, 농약 값"이라는 구절은 이러한 비용들을 나열하여, 경제적 부담을 강조한다.

시의 마지막 부분에서는 이러한 시도가 경제적으로 비효율적임을 지적한다. "손익 계산 따지면 시장에서 사 먹는 것이 훨씬 저렴했다"는 구절은 이러한 활동이 경제적으로는 큰 의미가 없음을 나타낸다. "자연인 농사 체험 쌓기 위해 헛고생만 했다"는 결론은 이러한 시도가 결국 헛된 노력임을 강조한다.

따라서 현대 도시인들이 자연을 갈망하며 시도하는 다양한 활동들이 경제적, 시간적 비용을 고려할 때 비효율

적일 수 있음을 지적한다. 또한, 이러한 시도들이 단순한 흉내에 불과할 수 있음을 시사하며, 도시 생활의 답답함을 해소하기 위한 진정한 방법에 대해 생각해보게 한다. 시의 구체적인 묘사와 현실적인 접근은 독자에게 깊은 공감을 불러일으키며, 현대 사회의 문제를 날카롭게 지적하고 있다.

> 시골을 머리로만
> 생각하는 사람
> 시골이
> 골방에 앉아있다.
>
> 시골을 걸어 다니며
> 직접 체험해 보아야
> 시골 정서
> 가슴으로 느낀다.
> 도시는
> 자연 위에서 살아가고
> 시골은
> 자연과 더불어 살아간다.
>
> 머리로 생각하는
> 시골은 바람이다.
> 가슴으로 느끼는
> 시골은 비다
> 다리로 걷는
> 시골이 물이다.
> 　　－「대한민국 시골 풍속도 · 99 －시골정서」 전문

시는 시골을 감성적으로 표현한다. 시골을 머리로만 생각하는 사람은 시골의 진정한 정서를 이해하지 못하고, 단지 골방에 앉아 있는 것처럼 느껴질 뿐이라고 강조한다. 또한 시골을 직접 체험해 보아야만 시골의 정서를 가슴으로 느낄 수 있다고 한다.

시골과 도시의 차이를 자연과 관계로 설명하는 부분도 인상적이다. 도시는 자연 위에서 살아가지만, 시골은 자연과 더불어 살아간다는 표현은 시골의 삶이 자연과 밀접하게 연결되어 있음을 보여준다. 이는 시골의 삶이 더 자연스럽고 조화롭다는 느낌을 준다.

시의 마지막 부분에서는 시골을 바람, 비, 물로 비유하며 시골을 느끼는 방식에 따라 다르게 표현한다. 머리로 생각하는 시골은 바람처럼 잡히지 않고, 가슴으로 느끼는 시골은 비처럼 촉촉하며, 다리로 걷는 시골은 물처럼 생동감 있게 느껴진다. 이러한 비유는 시골의 다양한 면모를 감각적으로 표현하며, 독자에게 시골의 다채로운 매력을 전달하는 것이다.

이 시는 시골의 정서를 단순히 머리로 이해하는 것이 아니라, 직접 체험하고 느껴야만 진정으로 이해할 수 있다는 메시지를 전달한다. 시골의 삶이 자연과 밀접하게 연결되어 있으며, 이를 통해 시골의 진정한 아름다움을 느낄 수 있다고 말한다. 이러한 메시지는 현대 사회에서 자연과의 연결이 중요해지고 있는 시점에서 의미 있게 다가온다.

시의 구조는 간결하면서도 명확한 메시지를 전달하는 데 효과적이다. 각 연은 시골과 도시, 그리고 시골을 느끼는 다양한 방식을 대조적으로 표현하며, 독자에게 시골의 다양한 면모를 감각적으로 전달하고 있다. 이러한 구조는 시의 메시지를 더욱 명확하게 전달하며, 독자가 시골의 정서를 깊이 느낄 수 있도록 돕는 것이다.

전체적으로 이 시는 시골의 정서를 감성적으로 표현하며, 독자에게 시골의 진정한 아름다움을 느끼게 한다.

3. 나오면서

미래의 시인들은 시를 쓸 때 단순한 테크닉이나 기술적인 문제를 넘어, 자신의 존재와 역할에 대하여 깊은 성찰을 해야 한다. 그것을 위해서는 자신의 목소리를 찾아야 한다. 이것은 단순히 독특한 스타일을 의미하는 것이 아니라, 자신의 경험과 감정을 진솔하게 표현하는 것을 말한다. 독자는 시에서 시인의 진정성을 느낄 때 감동을 받기 때문이다. 그러므로 시인은 자신의 내면을 탐구하고, 그 속에서 나오는 진솔한 목소리를 시에 담아야 한다.

또한, 시인은 상상력의 날개를 펼쳐야 한다. 현실을 넘어선 상상력은 시를 더욱 풍부하고 다채롭게 만든다. 상상력은 시인의 강력한 도구 중 하나로, 이를 통해 독자는 새로운 세계를 경험하게 된다. 시인은 일상적인 사물과 현상을 새로운 시각으로 바라보고, 이를 시로 표현하는 능력을 길러야 한다.

시인은 사회의 일원으로서 책임감을 가져야 한다. 시는 단순한 개인의 감정 표현을 넘어, 사회적 메시지를 담을 수 있는 강력한 도구로 부조리와 불평등을 고발하고, 더 나은 세상을 향한 희망을 노래할 수 있어야 한다. 이는 시인이 사회적 이슈에 관심을 가지고, 이를 시로 표현하는 데서 시작된다.

형식에 얽매이지 않고 다양한 실험을 시도하는 것도 중요하다. 전통적인 시 형식에서 벗어나 새로운 형식과 구조를 탐구함으로써 시의 가능성을 확장할 수 있기 때문이다. 이는 끊임없이 새로운 시도를 통해 시인 자신의 한계를 넘어서고, 독자에게 신선한 충격을 주는 방법이기도 하다.

뿐만 아니라 시인은 끊임없이 배우고 성장해야 한다. 다른 시인의 작품을 읽고, 문학 이론을 공부하며, 다양한 경험을 통해 자신의 시적 감각을 넓히는 것을 포함한다. 시인은 자신의 작품을 끊임없이 다듬고 발전시켜야 하며, 이를 통해 더욱 깊이 있는 시를 쓸 수 있다.

그런가 하면 시인은 감정을 전달하는 능력을 길러야 한다. 시는 감정의 예술이며, 독자는 시를 통해 시인의 감정을 느끼고 공감하기 때문이다. 시인은 자신의 감정을 솔직하게 표현하고, 이를 통해 독자와 감정적 연결을 형성해야 한다. 이는 시인 자신의 감정을 스스로 이해하고, 이를 시로 표현하는 능력을 키우는 데서 시작된다.

김관식 시인이야말로 위와 같은 이론적 배경을 갖추고 상재하는 세태 풍자 연작시집 『대한민국 시골 풍속도』는 많은 시인들의 귀감이 되기에 충분하다. 시인들이 일반적으로 출간하는 시집의 시들은 연시, 생활시, 구호성시, 자연시, 철학시 등이 주를 이루어 전문성이나 통일감이나 부족한 것이 사실이다. 자칫 백화점식의 시집이 될 공산이 크다.

그러나 주제가 있는 시집은 시인의 시 세계를 깊이 있게 이해하고 체험하는 데 매우 중요한 도구다. 이는 시인의 감정, 생각, 경험을 공유하는 데 매우 효과적이다. 뿐만 아니라 독자에게 시인의 세계를 이해하는 새로운 관점을 제공하며, 독자는 시인의 감정과 생각을 공유할 수 있다.

결론적으로, 시인은 진정성, 상상력, 사회적 책임감, 형식의 실험, 지속적인 학습, 감정의 전달이라는 여섯 가지 요소를 통해 시를 써야 한다. 이는 시인이 자신의 목소리를 찾고, 이를 통해 독자와 소통하며, 더 나은 세상을 향한 메시지를 전달하기 때문이다. 그러므로 시인은 시대를 초월한 예술가로서, 끊임없이 자신을 발전시키고, 새로운 시적 가능성을 탐구해야 한다. 시인의 길은 결코 쉽지 않다. 그럼에도 불구하고 보람 있는 여정이라고 할수 있다. 그 여정을 묵묵히 따라가는 사람이 김관식 시인이다.

저자 소개

김관식 시인

· 1955년 4월 19일 전남 나주시 공산면 출생

■ 학력
· 광주교육대학 졸업(1974년)
· 조선대학교 경상대학회계학과 졸업(1984년)
· 조선대학교 대학원 경영학과회계학전공 경영학석사(1986년)
· 한국교원대학교 대학원교육사회학과 교육학석사(1998년)
· 한국방송통신대학교 국어국문학과 졸업(2012년)
· 한국방송통신대학교 대학원문예창작콘텐츠학과 문학석사 (2015년)
· 한국방송통신대학교 문화교양학과 졸업(2017년)
· 숭실대학교 대학원문예창작학과 박사과정 수료(2019년)

■ 등단
· 전남일보 신춘문예 문학평론 입상(1976년)
· 계간 『자유문학』 신인상 시 당선(1998년)

■ 저서

· 제1동시집 『토끼 발자국』(1983년) 아동문예사
· 제2동시집 『꿀벌』(1990년) 동화문학사
· 제3동시집 『꽃처럼 산다면』(1996) 아동문예사
· 제4동시집 『햇살로 크는 바다』(2000) 교단문학사
· 제5동시집 『화분 이야기』(2007) 아이올리브
· 제6동시집 『바람개비 돌리는 날』(2007) 아이올리브
· 제7연작동시집 『속삭이는 숲속 노래하는 나무들』(2007) 태극
· 제8연작동시집 『물속나라 친구들』(2008) 아이올리브
· 제9동시집 『가을 이름표』(2008) 아이올리브
· 제10연작동시집 『우리나라 꽃135』(2008) 아이올리브
· 제11연작동시집 『아침이슬83』(2013) 책마중
· 제12동시집 『이슬에게 물어봐』(2015) 도서출판 해동
· 제13동시집 『땅콩 속의 연가』(2017) 도서출판 고향
· 제14동시집 『바람과 풀잎』(2017) 도서출판 고향
· 제15동시집 해양생태동시 『숨바꼭질하는 바다』(2020) 도서출판고향
· 제16동시집 『강마을』(2020) 도서출판 고향
· 제17동시집 『황포돛대』(2020) 도서출판 고향
· 제18동시집 『겨울 발자국』(2022) 도서출판 명성서림
· 제1시집 『가루의 힘』(2014) 도서출판 해동
· 제2시집 『연어의 귀향』(2016) 문창콘
· 제3시집 『민들레꽃 향기』(2016) 문창콘
· 제4시집 『백수의 하루』(2016) 가온문학
· 제5시집 『시인 백서』(2016) 가온문학
· 제6시집 『강마을의 신화』(2016) 가온문학
· 제7시집 『백정』(2017) 도서출판 고향
· 제8시집 『시인백서·2』(2019) 도서출판 고향
· 제9시집 『어머니의 키질』(2019) 도서출판 고향
· 제10시집 짧은 시 『매미』(2019) 도서출판 고향

· 제11시집 짧은 시 『단풍』(2019) 도서출판 고향
· 제12시집 동남아여행시집 『세부와 앙코르와트』(2020) 부크크
· 제13시집 『영산강 숨터』(2020) 도서출판 고향
· 제14시집 『가을 경마장』(2021) 도서출판 명성서림
· 제15시집 『생각하는 숫자』(2021) 도서출판 명성서림
· 제16시집 『개구리 울었다』(2021) 부크크
· 제17시집 포스트모니즘 탈경계 풍자시 『풍자, 시인의 의자』(2021) 도서출판 이바구
· 제18시집 『낚시어보』(2022) 도서출판 명성서림
· 제19시집 『수목장』(2022) 도서출판 서정문학
· 제20시집 『갈숲 서리꽃』(2023) 도서출판 시선사
· 제21시집 『갈대 각설이』(2023) 도서출판 이바구
· 제22시집 『서울 지하철 1호선』(2025) 도서출판 서정문학
· 제23시집 『대한민국 시골풍속도』(2025) 도서출판 서정문학
· 김관식 외 116시인 좋은동시 재능기부동시집 『별 밥』(2020) 도서출판 고향
· 좋은동시 재능기부동시집 제2호 『꿈나무 새싹 쑥쑥』(2021) 도서출판 고향
· 좋은동시 재능기부동시집 제3호 『두레동시 한다발』(2022) 도서출판 고향
· 좋은동시 재능기부동시집 제4호 『벌거숭이 심마니』(2023) 도서출판 고향
· 좋은동시 재능기부동시집 제5호 『꽃향기 찾아가는 나비』(2024) 도서출판 고향
· 좋은동시 재능기부동시집 제6호 『생각하는 땅콩』(2025)
· 전설집 『나주의 전설』(1991년) 나주문화원
· 소설집 『관악산 뻐꾸기』 도서출판 서정문학
· 문학평론집 『현대동시인의 시세계-호남편』(2013) 책마중
· 문학평론집 『한국현대시인의 시세계』(2016) 문창곤
· 문학평론집 『아동문학과 문학적 상상력』(2017) 청동거울

· 문학평론집 『아동문학의 이해와 전망』(2018)도서출판 고향
· 문학평론집 『한국현대시의 성찰과 전망』(2018)도서출판 고향
· 문학평론집 『한국시문학의 근본문제와 방향』(2019) 도서출판 고향
· 문학평론집 『방언시어의 활용방법』(2022) 도서출판 고향
· 문학평론집 『문학 향유문화와 파르마콘』(2024) 도서출판 명성서림
· 명상칼럼집 『한 자루의 촛불』(2017)명성서림
· 문학이론서 『아동문학의 이해와 동시창작법』(2017)명성서림
· 시창작이론서 『현대시 창작방법과 실제』(2021) 도서출판 이바구
 · 시창작론 『서정시 이렇게 쓰면 쉽게 쓸 수 있다』(2022) 도서출판 서정문학

■ 수상

· 2009년 한국시 문학대상 수상
· 2016년 제7회 백교문학상 대상 수상
· 2017년 황조근정 훈장
· 2019년 김우종문학상 문학평론 부문 본상 수상
· 2021년 문예창작 문학상 대상 수상

■ 문학 단체

· 한국문인협회 회원 · 국제펜 한국본부 이사
· 한국문학협회 자문위원 · 한국현대시인협회 이사
· 서초문인협회 소설분과위원장
· 한국산림문학회 회원
· 한국문예춘추문인협회 회원, 자유문학회 회원
· 백교효문화선양회 회원, · 한국아동문학인협회 회원
· 나주문인협회 초대회장 역임
· 한국좋은동시 재능기부사업회 책임자(전국동시인의 좋은동시

재능기부 받아 엮은 동시집 1집 『별밥』, 2집 『꿈나무 새싹 쑥쑥』, 3집 『두레동시 한 다발』, 4집 『벌거숭이 심마니』 발간하여 전국초등학교 기증시업 전개 제5집 『꽃향기 찾아가는 나비들』 발간하여 전국 초등학교에 기증함)
· 인터넷신문 코스미안뉴스에 『김관식 칼럼』, 『대한민국 시골 풍속도』 연재 중
· 계간 『문예창작』, 『시창작』 시창작법 연재 중
· 계간 『창작산맥』 운영이사. 계간 『문예창작』 편집고문. 계간 『시창작』 편집 고문 및 신인 심사위원

■ 현재

· 연락처: 08110 서울 양천구 신정로170 신정6차 현대@ 104-1102호
· 집필실: 58289 전남 나주시 공산면 덕음로 548-15
· 손전화 : 010-4239-3908.
· 이메일: kks41900@naver.com,
   rlarhkstlr419@hanmail.net